ぼくは性別モラトリアム

からたちはじめ

幻冬舎

幼い頃は
セーラームーンが好きで
スカートもはく
ごく普通の
女の子でした
が

どういうわけか
今はこの有り様です

これは
ジリ…
彼氏
結婚
化粧
十数年もの間
自分は女ではない！男になりたいのだ!!
ダーン
結婚
化粧
彼氏
ヒール

と信じて
疑わ
なかった
人間が
SNSを
通じて
色んな意見を
聞きながら
改めて自分と
向き合ってみた
実録漫画である

目次

ブックデザイン　鈴木千佳子

1章

男になりたい！

まずはぼくが
今どんなことを
考えて生きているか、
どんな風に
生きてきたのかを
お話ししようと思います。

01　ぼくの現状

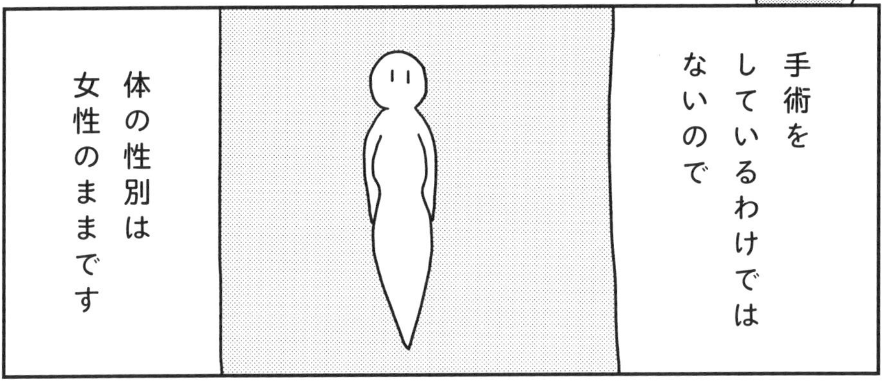
手術をしているわけではないので
体の性別は女性のままです

ですがパッと見て「女性」だとバレてしまうのがイヤなので
ジャケットとか
チノパンとか
とにかく体のラインがはっきりとわからない服
服はメンズばかり着ています

幸い（？）にも
身長もそこそこで
声も低いほうなので
靴
26.0
〜
27.0
これはこれで
売り切れやすい
サイズ
わりとバレなかったり
します
男 1
女 1
女友達と行った
カラオケの伝票
お願いしまーす
お兄さん
よってって—
ずいっ
キャバクラの
ティッシュ

バレないのは
嬉しいこと
なのですが
TOILET
そろ〜
出先のトイレは
おっかなびっくりです
誰もいないと
いいなぁ

トイレに関するあれこれ

- ☑ トイレに先客（他の女性）がいるとガマンして別のトイレを探しがち
- ☑ 外でトイレに行かなくてもいいように水分摂取を控えがち
- ☑ 「だれでもトイレ」「多目的トイレ」やコンビニのトイレは気楽
- ☑ できるだけ並びたくない

「男が入ってきた」って
他の女性を
驚かせちゃうのは
申し訳ないしね
「そっち女子トイレですよ」って
注意されたことがある

02　胸のこと

お風呂や着替えで
裸になる度に
イヤでも目に入るのが
胸です
これが
ほんっっっっとに
イヤで
自分が
女なのだと
再確認させられる
瞬間

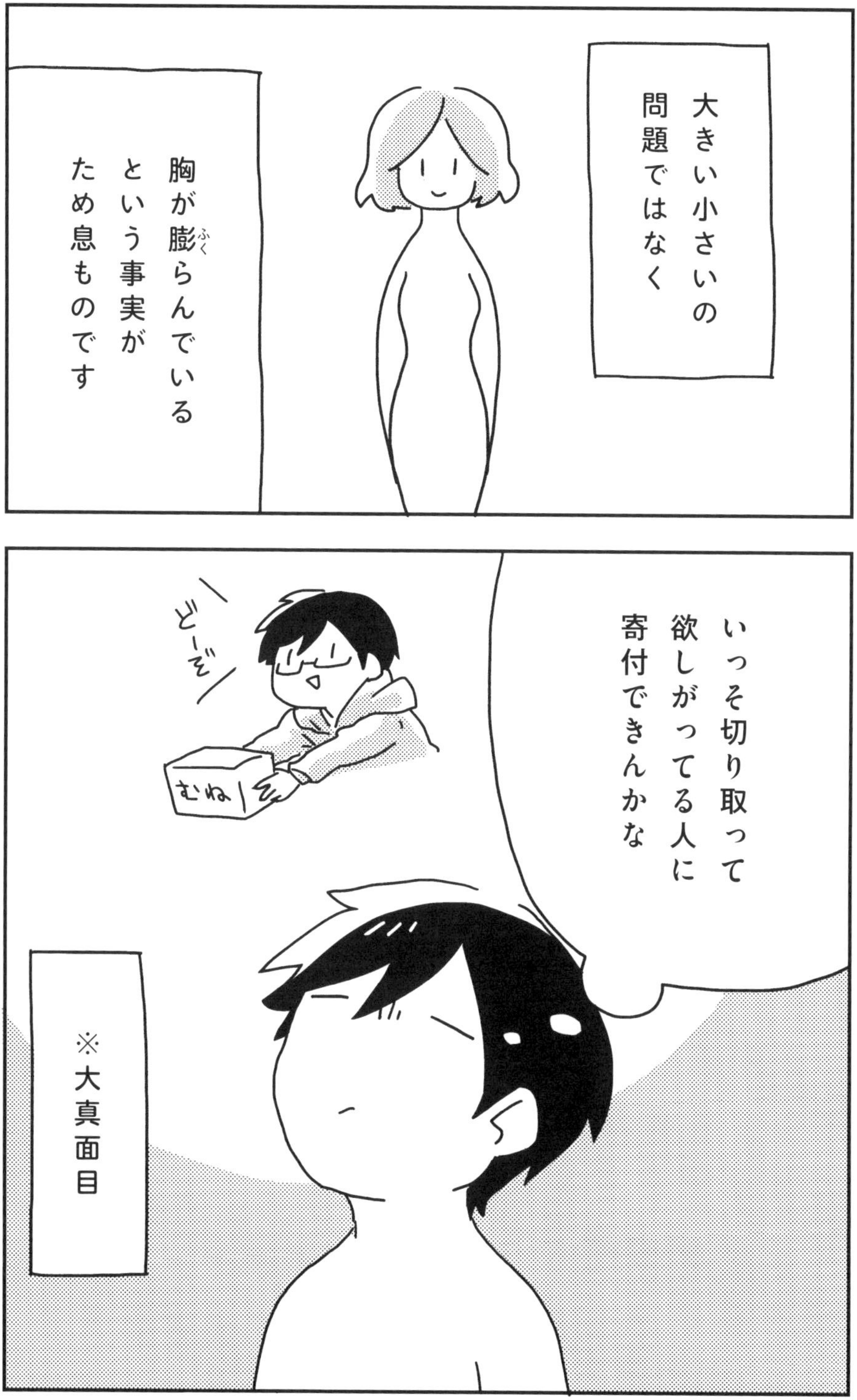
大きい小さいの問題ではなく
胸が膨《ふく》らんでいるという事実がため息ものです
いっそ切り取って欲しがってる人に寄付できんかな
どーぞ
むね
※大真面目

「胸があるのがバレたくない」ということから
膨らみを隠そうとする
かなりの猫背でもありました
もともと猫背ではありましたが
隠そうとすることによってさらに加速する猫背

現在は
見た目普通のタンクトップ
下地に胸が潰せるような仕組みがあるので
いわゆるナベシャツというものの力を借りて
平《たい》らになる

以前よりは
少し胸を張って
出歩けるように
なった気がします
かばんのヒモによる
胸の強調もされないので
とても気楽

03　名前

病院
からたちさーん
しょうがないけど…!!
からたち本名さ
下の名前を呼ばないでほしい
性別が一発でバレる

04　好きな服を着たい

衣服について少し昔の話をしてみようかと思います
女の子用の服を着ることへの抵抗が強くなってきていたぼく
小6
小6の頃にはもう身長が158㎝とかそれぐらいはあったので
サイズがないから
丈がちょっと短いから
ゆったり着たいから
へへへー
小6
が女の子の服から逃げる口実として使えることに気づき始めました

最初のうちはそれで通っていたのですが
どうしても女の子の服を着せたい母はここでLLや3Lを提案してきます
母
LL
3L
コッチニ・シナサイ
それでも着たくないぼく
NO
スキナ・デザイン・ガ・ナイ
しかし服を買うためのお金を出すのは母なので
結構な割合で負ける
婦人 大きいサイズ
あっち…
あっち行きたい
メンズコーナー

カッターシャツなら
どっちも同じような
デザインだし
いいじゃん
なんて言われたりも
しましたが
ぼくからすれば
いや
それこそ
ごまかせない
違いがあるから
余計NG
だよ
レディース
メンズ
なおさら
メンズがいいわ
で
ありました

服に関する攻防は色々あったと思います
ちょっとラメが入ってるだけでしょ
やだ
ちっちゃいハート
やだ
花柄
いらん
これ
それじゃ男の子でしょ あんたはこっち
高校 大学にもなるとそれも段々緩くなってはきましたが
成人後に喪服を買う際に
これぐらいのレース我慢しなさい
スカートも
と言われたので攻防戦は終わらないかもしれません

05 薄着がニガテ

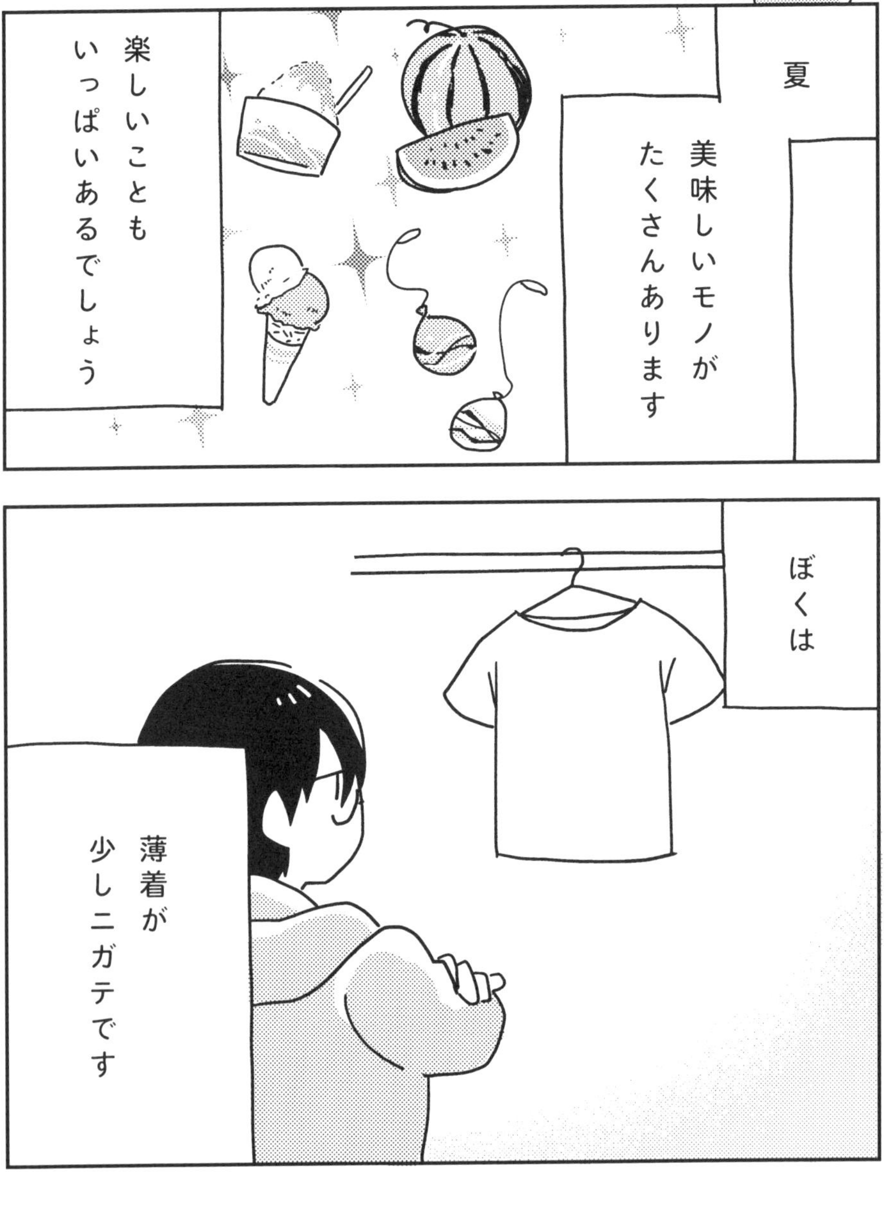
夏
美味しいモノがたくさんあります
楽しいこともいっぱいあるでしょう
ぼくは
薄着が少しニガテです

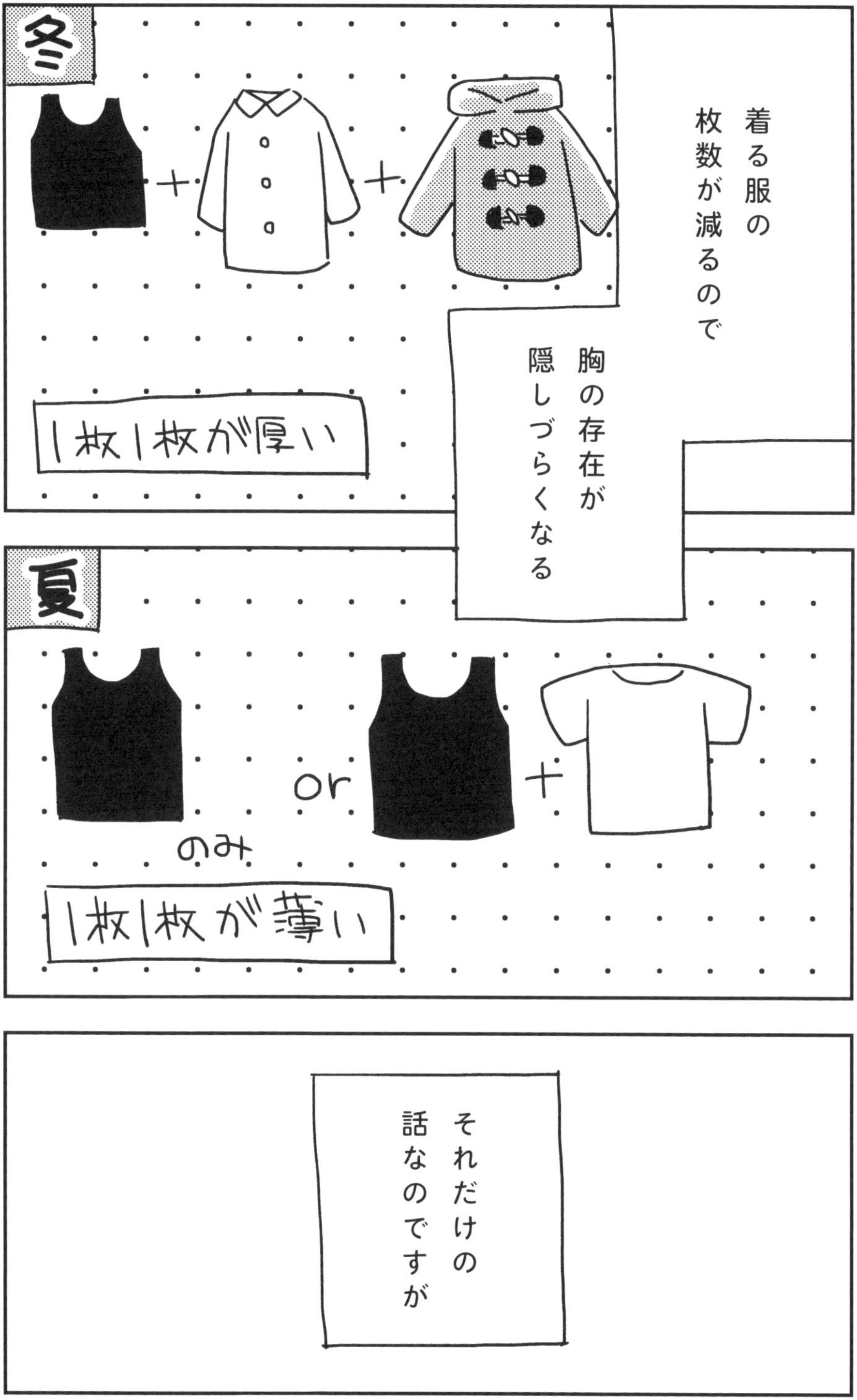
冬
1枚1枚が厚い
着る服の枚数が減るので
胸の存在が隠しづらくなる
夏
のみ
or
1枚1枚が薄い
それだけの話なのですが

気持ち的には
やはり冬物のほうが
落ち着くもので
性別バレるか？
バレないか？
なんとなく不安で羽織《はお》る
七分袖のジャケットとか
カーディガン
短くても七分丈までのパンツ
ですが
困ったことに
夏がきらいな
わけではは
ないので
今年もほどほどに
楽しめたらなぁと
思っています
夜散歩してると聞こえてくる
盆踊りの音とか好き

夏場は
部屋着も
作《さ》務《む》衣《え》にチェンジ！
和服いぇー！

06 化粧ってなんの罰ゲーム？

服装でなんとかごまかしているとはいえ
戸籍は女
名前を見れば一発でバレるし
会う人会う人にいちいち説明するわけにも
社会的に見ればやはりぼくは女性であるわけです
で
「社会」「女性」といえば「ルールだ」「マナーだ」と言われており
ゴゴ
化粧
ゴゴ
回避が難しい化粧というものがあります

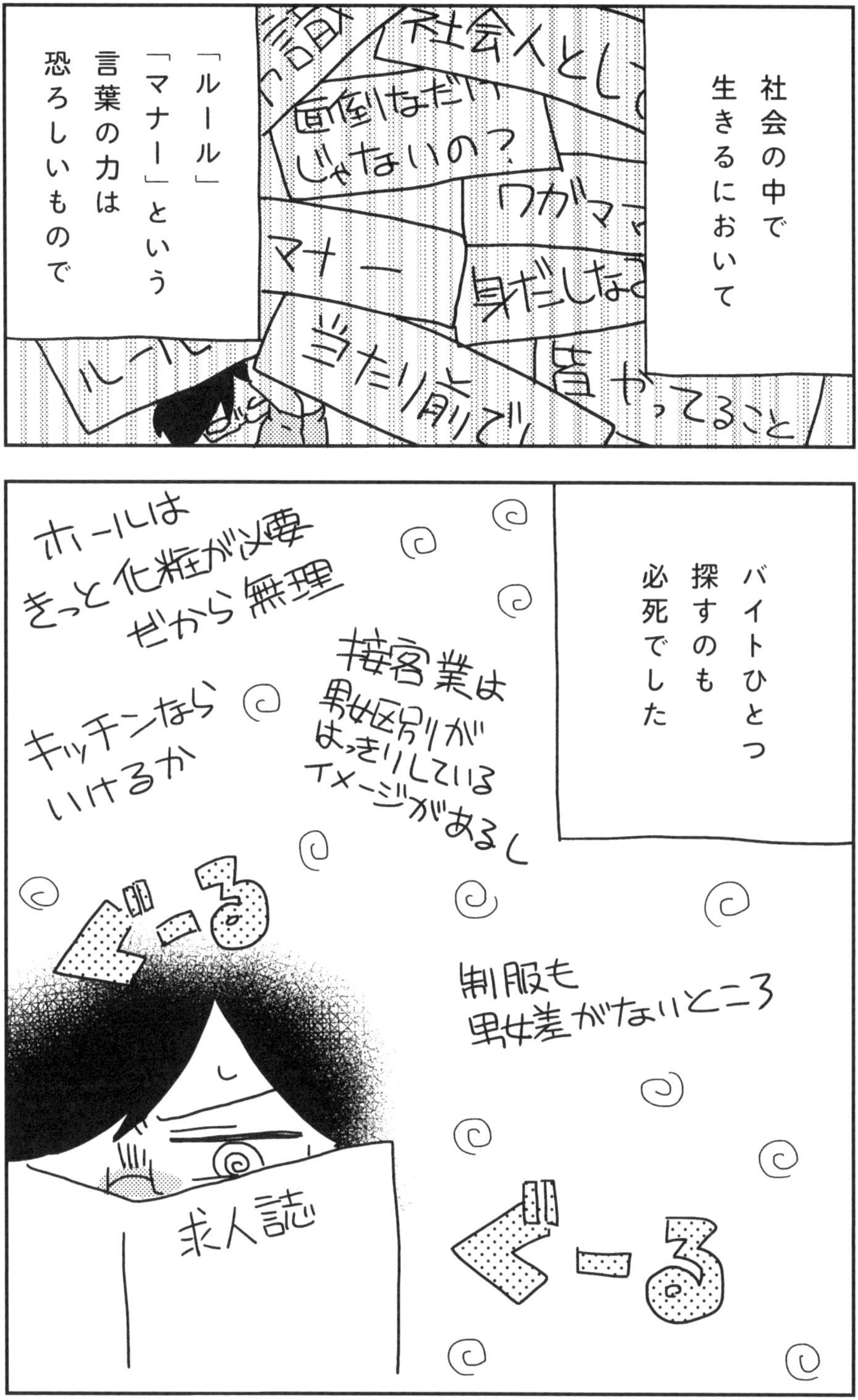
社会の中で生きるにおいて
常識
社会人として
面倒なだけじゃないの？
ワガママ
マナー
身だしなみ
ルール
当たり前で
皆やってること
「ルール」「マナー」という言葉の力は恐ろしいもので
バイトひとつ探すのも必死でした
ホールはきっと化粧が必要だから無理
接客業は男女別がはっきりしているイメージがあるし
キッチンならいけるか
ぐーる
制服も男女差がないところ
求人誌
ぐーる

ぼくの中で
自分が化粧を
するというのは
わはははははは
似合わない
女装をする
感覚です
テレビのバラエティや
お笑いを想像して
もらえると良いかと
その状態で
公共の場に
出るということ
ましてそれで
人に会う
働くだなんて
苦痛も苦痛
なんの罰ゲーム
なんだろう
そんな感じで
いったい
誰が
決めたんだ
とんでもない
ルールマナーも
あったもんだ

今は幸い
化粧の必要のない
仕事をできていますが
いつか
「化粧はしたい人が
すればいい」に
なればいいなあ
と思います
そういえば
塾講師をしていた時は
化粧をしていなくても
何も言われなかったので
「清潔感があればいい」
ところもあるのかも

07　私？　ぼく？

みなさんは自分で自分のことをどう呼びますか？
俺
ぼく
私
あたし
うち
色々あるかと思います
からたちも少し前まではずっと「私」を使っていました
特別方言のキツい地域出身でもなかったので「おら」とかそういうのはなかった
なんとなく違和感を持ちつつも一般的にはそれが正解なので「私」を使い続けてきました
女＝私

ただ 自分のことを
「ぼく」と呼ぶことに
憧れがありました
「私」＝「女の子」
↓
「私」を使うと
性別がバレる
その憧れも多分
自分の性別への嫌悪から
きているもの
なのだろうと思います
しかし「性別がバレる」と
いう点においては
呼び方を変えただけでは
どうにもならないので
字が女
絵が女
思考が女
本当に気休めの
自己満足でしか
ないのですが
うっ

それでも
その自己満足で
いくらか気持ちが
楽になっている
部分があるのも
確かなので
「ぼく」を
使い始めて
よかったなぁと
思っています

08 どちらの性別に見られているでShow

コンビニで買い物をした時
ピピッ
ついついレジを打つ店員さんの手元を見てしまいます
今の自分は果たしてどちらの性別に見られているのか!? ファイッ！
なんか青とピンクの縦並びのボタン
(性別・年齢など客層をリサーチするためのものらしいです)
12 112
19 119
29 129
49 149
50 50
買う側からでも結構見える
青色のボタンが押されると内心ガッツポーズ
よっしゃ
男性の店員さんに青いボタン押してもらえるとさらに嬉しい

09 「自分の性別に違和感がある」という感覚

下着店（売り場）に近づけない
これはあくまでぼくの場合ですが
ブラジャーという言葉を口にするのもはばかられる
女性下着
見ちゃいけない見ていいものではない…!!

「女性」だと言われると「違う」と感じる
女
女性なので
女の子だから
むっ

女性ものの服は
自分が着るべきものではない
と感じる
「レディースデー」など
女性が優遇されるシステムを
自分が使えると思わない
大人一枚お願いします
1800円になります
本日
レディースデー
1200円
○×シネマ
ざっとこんな感じです
トイレ
化粧

10 違和感はいつから？

幼稚園時代は女の子だった
じゃあいつからズレを感じ始めたのか？
はっきりとは覚えていないのですが
小学校3年生の頃には青や黒 デザインも「男子用」が羨《うらや》ましかったような気がします

服にしろ靴にしろ
はっきりと男子用だと
わかるようなものは
買ってもらえなかったので
それじゃあ
男の子でしょ
母
女子用の中でも
デザインがシンプルなもの
水色・白・黒・赤・オレンジ
などを選んで着ていた
記憶があります
なんとか
組み合わせて
男っぽく…
旅行先で
お兄ちゃん
と言われたのが
嬉しかったのを
覚えています

ただ親からは毎回
男の子に間違えられて喜んでちゃいけない
と言われていたので
そうか嬉しいけど喜んじゃだめなのか
でもだめって言われても嬉しいもんなぁ
20歳を過ぎても親に何も言えずにいたのかもしれません
しかし父親から服のお下がりはくる
父
これ着るか
え ありがとう
男の格好していいのかいかんのかどっちなんだ

まあ
もらえたし着とこう
くれたのは向こうだし
メンズもの着てても
文句は言えまいて

11 女の子ってなんだ？

中学生になると逃げられないものが出てきます
制服です
中学生になるだけでなぜ突然毎日スカートをはかなければならないのか
学ランが羨ましかったのは言うまでもありません
体操服（夏場のみ）
体操服のハーフパンツ

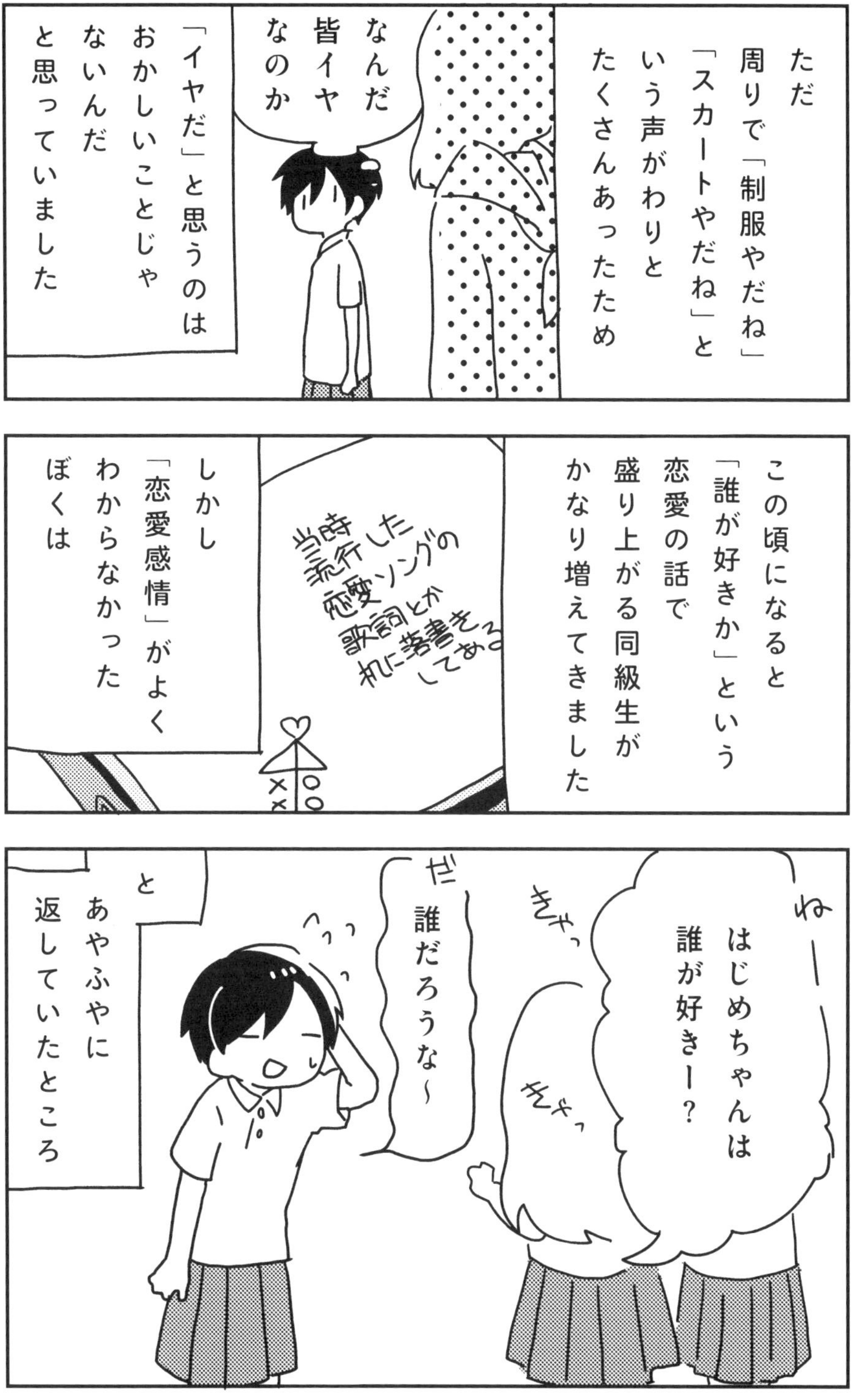
ただ
周りで「制服やだね」
「スカートやだね」と
いう声がわりと
たくさんあったため
なんだ
皆イヤ
なのか
「イヤだ」と思うのは
おかしいことじゃ
ないんだ
と思っていました
この頃になると
「誰が好きか」という
恋愛の話で
盛り上がる同級生が
かなり増えてきました
当時流行した恋愛ソングの歌詞とか机に落書きしてある
しかし
「恋愛感情」がよく
わからなかった
ぼくは
ねーー
はじめちゃんは
誰が好きー？
きゃっ
きゃっ
だ
誰だろうな～
と
あやふやに
返していたところ

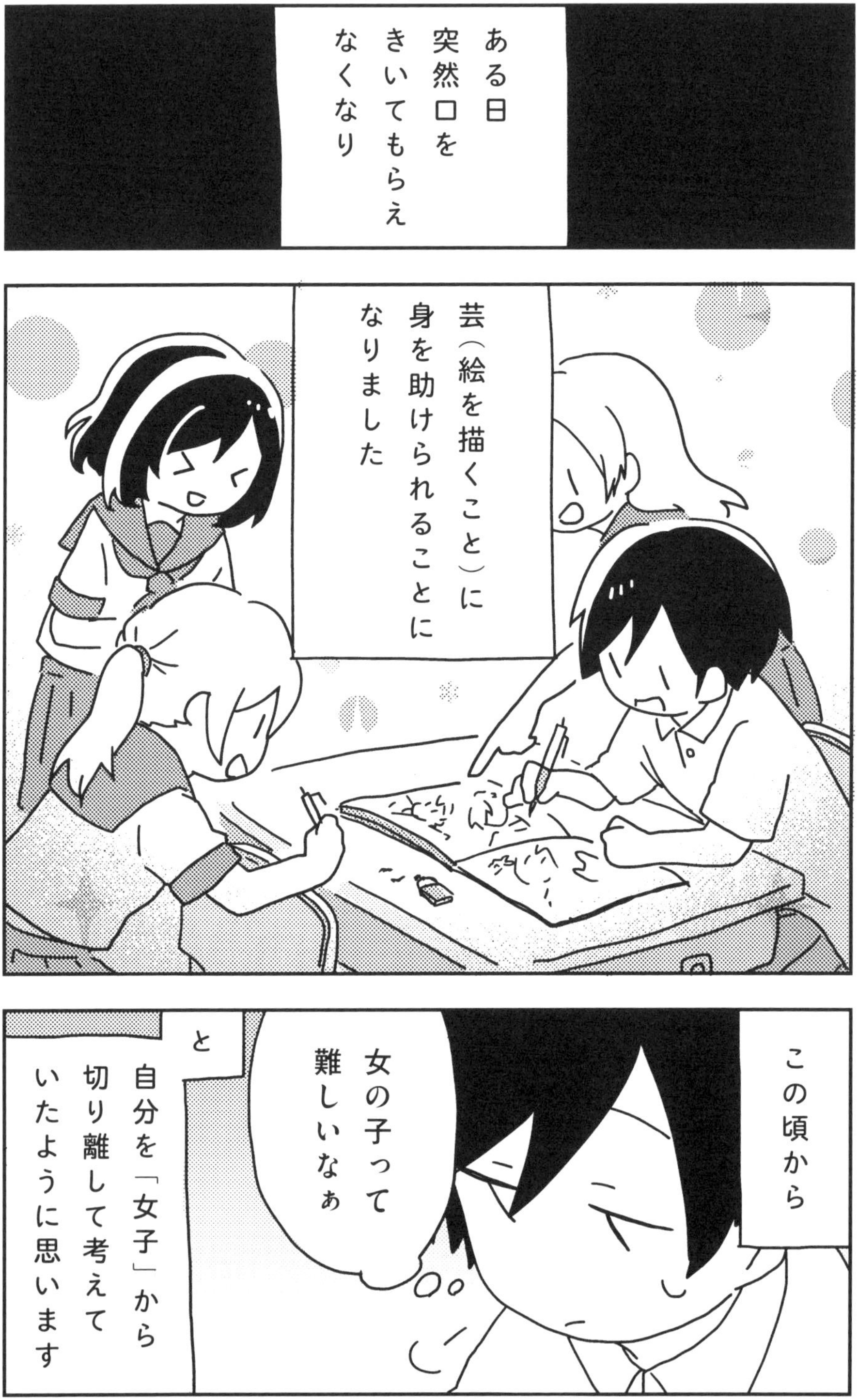
ある日
突然口を
きいてもらえ
なくなり
芸（絵を描くこと）に
身を助けられることに
なりました
この頃から
女の子って
難しいなぁ
と
自分を「女子」から
切り離して考えて
いたように思います

いやいやあんたも女の子でしょ
と言われた時に
女…の子…?
明確にひっかかりを感じ始めたのも中学生になった頃からだったような気がします

12 女の子になろうキャンペーン

自分が女であることにずっと違和感を持ち続けていたのか？というと
ふら
ふら
そうではなくて
大学1年の頃まで定期的に
女の子になろうキャンペーン
が実施されました

キャンペーン概要《がいよう》
☆期間中は髪を伸ばすよ！
髪飾り、ピン、ゴムを使って
かわいくしてみよう！
☆レディース服を着よう！
スカート、ショートパンツ
オーバーオール etc...
かわいくキレイになれるかな??
☆アクセサリーも忘れずにね！
ネックレス、イヤリング
ブレスレット…
色々使ってかわいく
キメちゃお！

しかし
このキャンペーン
突然始まって
突然終わる
はっ
ぼくは一体
何を…!?
キャンペーンが
終わると
髪を切り
以前の状態に戻る
くり返し
しばらくすると
またキャンペーンが
始まる

キャンペーン終了後は最中の自分を気持ち悪いと思うほどで
なんで女装なんかして浮かれていたんだろう
部屋の中にある名残を見ては
なんでこんなもの欲しかったんだろう
キャンペーン中の自分は誰か別の人だったんじゃ…
と思わずにはいられませんでした

13 消えない違和感

高校の頃
友人から
はじめちゃん
男だったら
よかったのに〜
と
度々言われたのを
覚えています
たまに
新聞で見かける
「性同一性障害の
子どもが現在は
望んだ性で
生きている」
といった記事は
必ず
しっかり読んで
いました
いいなぁ

中学の頃よりさらに周りの女の子と自分が同じ生き物だと思えなくなっていて
やっぱりぼくは普通じゃないんだなぁ
性別のことが常に頭の中をぐるぐるするようになっていました
彼氏もいらない
「かわいい」「きれい」が欲しくない
モテたいと思わない
化粧に興味もない
周りからは
そのうち興味でるよ
彼氏もできるって
と言われていましたが
「そのうち」はこないまま今に至ります
結婚は?
お見合いしてみろ
子どもは?
努力しろ

性別への違和感は大体こんな感じです
ちなみに高校を選ぶ時
あんた 彼女作ってきそうだから女子校は絶対やめて
と言われたので母親はぼくの違和感になんとなく気づいていたのかもしれません
…気づいていたからといって受け入れてくれるわけではない

共学だから
男の恋人ができる
とは限らないと
思うけどなあ

14 乱暴な口調＝男子？

世の中には
「〜だろ」「〜だわ」
「〜でしょう」「〜なのよ」
「〜じゃねぇ?」「〜かしら?」
色々な口調があります
とにかく「女子」だと思われたくなかった過去のぼく（小学生）
「うるせぇ」「てめぇ」
「すげぇ」「うめぇ」
安直にこの辺の言葉遣いを選びとってしまう
当時男子に交ざって遊んでいたこともあり
マネをすればいいんじゃ…?
と考えた結果でもありました

そんな言葉遣いする子はごはん食べんでいい
しかし怒られる
その後もしばらくは（親の前では出さないように）使っていたと思いますが何をきっかけにだったか
別に乱暴な言葉を使うばかりが男じゃないんだ！
と気づいてからは徐々に使う頻度が下がっていきました
!!
温和な男性キャラが出てくるマンガ、アニメを見たのがきっかけだったかもしれない

あれっ
これ ただの
恥ずかしい話
なのでは（今更）
黒歴史に
近い…？
口調を乱暴に
したところで
自分の望むものには
なれないこと
俺！
てめー！
「そういう女の子」を
キャラクターとして
見つけてしまった
ことも
この言葉遣い
やめよう
と思った理由の
ひとつだったかも
しれません
マンガ

2章

ぼくはＬＧＢＴなのか？

最近よく聞く
ＬＧＢＴという言葉。
性別に違和感のある
ぼくは　はたして
ＬＧＢＴなのか、
考えてみました。

01　Q.「LGBT」なのか？

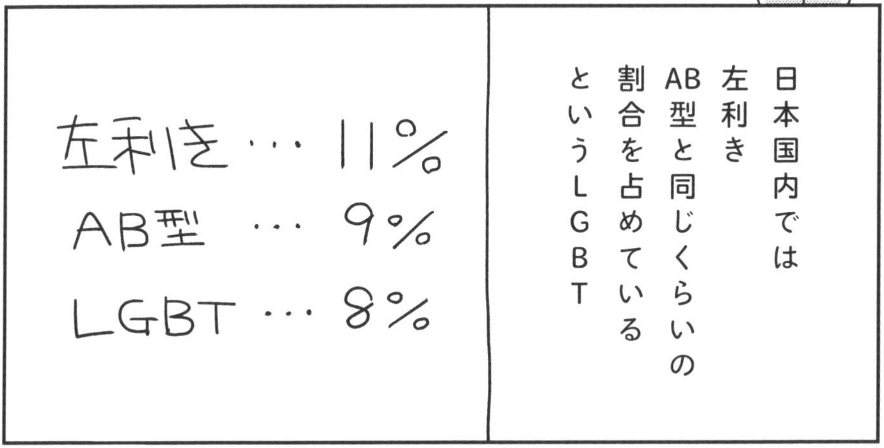
日本国内では
左利き
AB型と同じくらいの
割合を占めている
というLGBT
左利き…11%
AB型　…　9%
LGBT…8%

ただ現時点では
自分をLGBTと
言い切るのは
どうにも違う気がする
なんか
こう
もやもや
する

自分の中で
何がひっかかってるんだろう

02 そもそも LGBTって？

LGBTという言葉だけはかなり広まってきているように思います
LGBT
ちょっと前までは「性同一性障害」でひとくくりにされていたイメージ

大まかにこんな感じかと思います
Lesbian（レズビアン）
女性として女性が好きな人
Gay（ゲイ）
男性として男性が好きな人
Bisexual（バイセクシュアル）
同性も異性も好きになる人
Transgender（トランスジェンダー）
出生時の性別と異なる性別で生きる（生きたいと望む）人

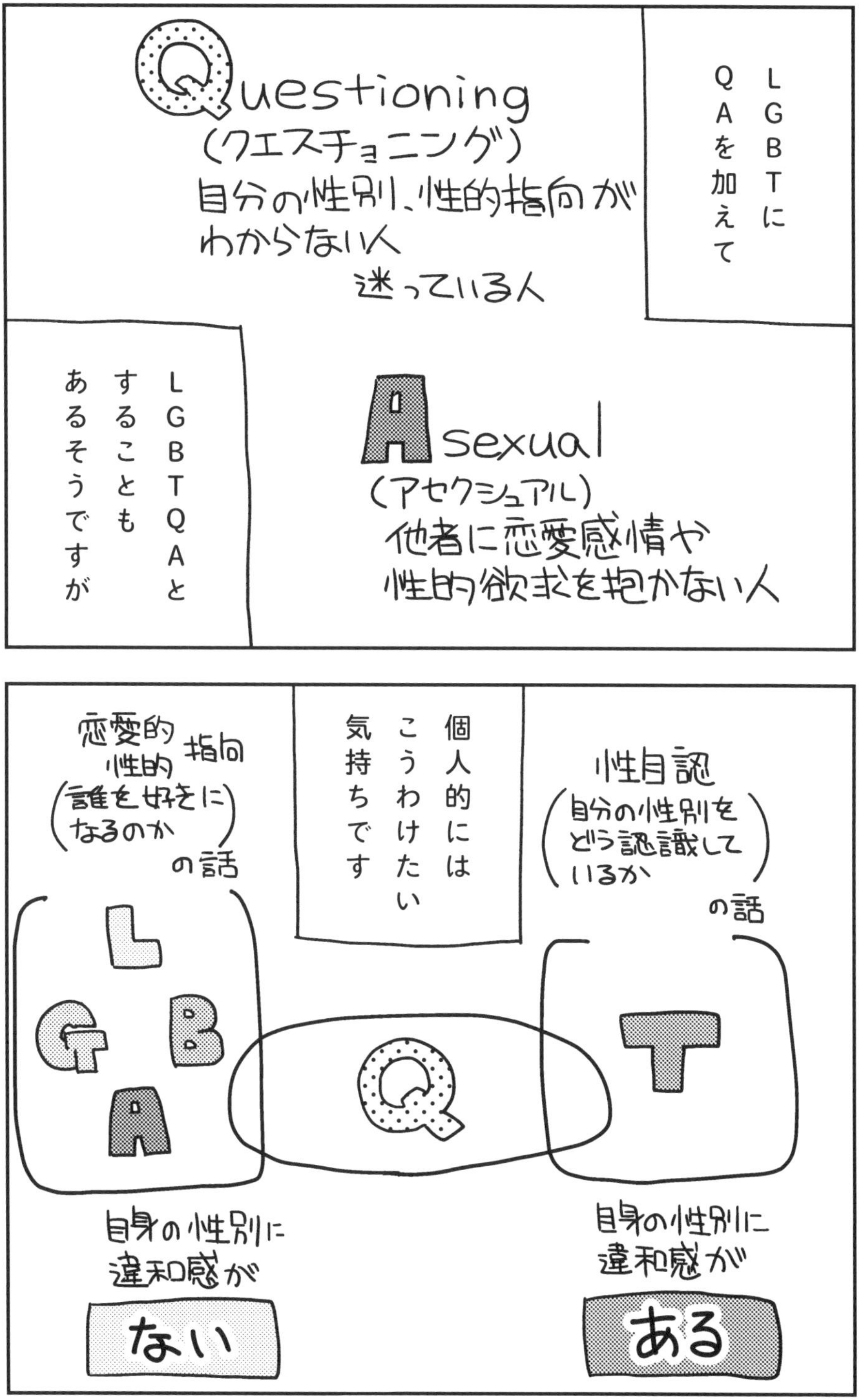

LGBTにQAを加えて
Questioning
（クエスチョニング）
自分の性別、性的指向がわからない人
迷っている人
LGBTQAとすることもあるそうですが
Asexual
（アセクシュアル）
他者に恋愛感情や性的欲求を抱かない人
個人的にはこうわけたい気持ちです
恋愛的
性的
指向
（誰を好きになるのか）の話
性自認
（自分の性別をどう認識しているか）の話
L
G
B
A
Q
T
自身の性別に違和感が
ない
自身の性別に違和感が
ある

なので「LGBとTを同列に並べるのはちょっと違うのでは？」というのが持論です
問題の方向性が違う気がする
トイレを使う時に悩まずに使えるかどうかで考えるとわかりやすいかもしれません
LGB
体の性別と自分の認識している性別が一致している
男なので男子トイレ使います
女なので女子トイレ使います
T
体の性別と自分の認識している性別が一致していない
TOILET
心はこっち
でも体はこっち

ぼくの悩みは
どちらかといえば
TQ側の「自分の性別を
どう認識しているか」という
お話なわけです
「LGBT」という言葉に
なんとなく
もやもやを感じた理由は
ここにあったのかも
しれません
トランスジェンダー
にも いろいろ
区分があるらしい

03 広いぞ！ トランスジェンダー

トランスジェンダーとは
出生時の性別と異なる性別で生きる（生きたいと望む）人
おそらくぼくはこっち寄り
「トランスジェンダーは大体こんな感じの人であろう」とお話ししましたが

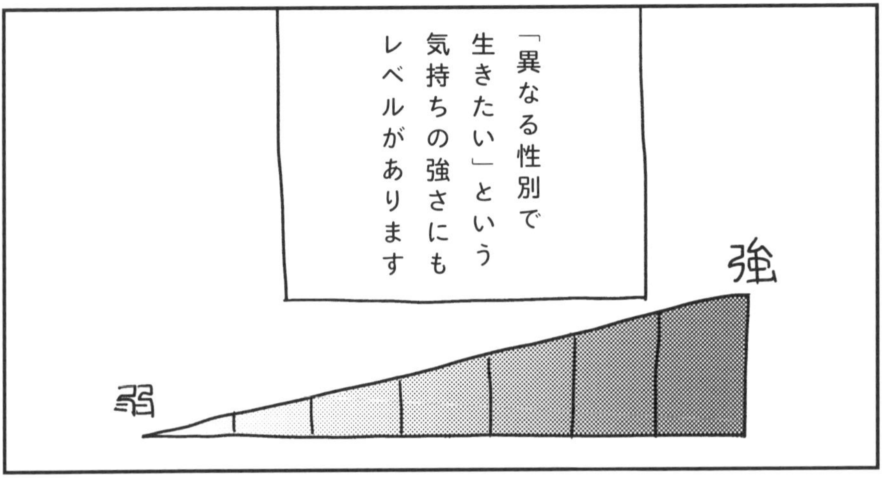
「異なる性別で生きたい」という気持ちの強さにもレベルがあります
強
弱

弱
異性の服装をして
パッと見バレしなければ
とりあえず生活できる
中
ホルモン治療などで
体つきも異性に
近づけたい！
「異性」と言うよりは
「心の性」と言ったほうが
正しいかも
強
すぐに手術したい
戸籍も変えたい
今のままでは
まともに生活を
送るのが困難

この例は
きっとほんの一部
だと思います
X《エックス》ジェンダー
男性でも女性でもない
性を望む人
なんてのもあるし　本当に複雑
?
パソコン
いろいろ
あるんやで

ただ
共通して言えるのは
趣味の女装・男装とは違う！
出生時の自分の体の性別に違和感がある
ということで
病気でもないので
治せ
と言われて治るものでもありません
なので

男らしく
男性だから
ぎゅう
女らしく
女性だから
ぎゅう
こういうのを
女らし
男性だから
ペーいっ
こうして
接してもらえるのがいちばん気が楽なのかなぁという気持ちです
まぁ善意100％で「スカートはけばいいのに」「カワイイと思うよ」とか言われちゃうので難しいんですけどね
よかれと思って言ってくれているヤツなので

04 手術！とまではいかない

女性であることは隠したい
うん
うん
男性だと思われると嬉しい
じゃあ「自分は男である」と言い切れるか？
男性になれば解決するのか？
これが「よし！お金を貯めて男（完全体）になるぞ！」となれない理由のひとつです
男になる
なんや
かんや
デメリット
人間関係

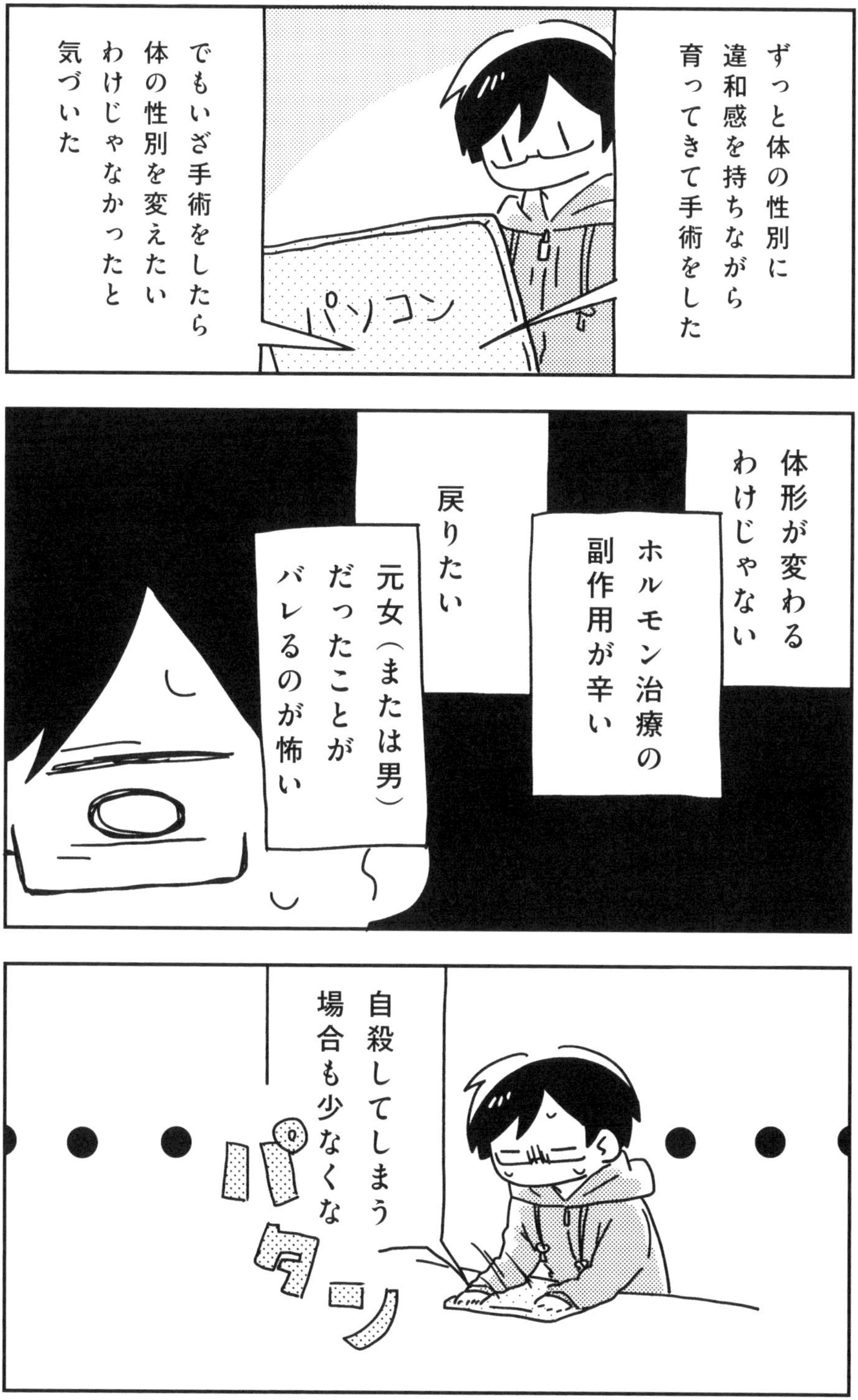
ずっと体の性別に
違和感を持ちながら
育ってきて手術をした
でもいざ手術をしたら
体の性別を変えたい
わけじゃなかったと
気づいた
パソコン
体形が変わる
わけじゃない
ホルモン治療の
副作用が辛い
戻りたい
元女（または男）
だったことが
バレるのが怖い
自殺してしまう
場合も少なくな
パタン

と
いうわけで
そこまでする
度胸はない
女→男の
手術を
したところで
性交(挿入)が
できるわけでも
ないんだそうな
自分の性別に
迷っている状態で
「異なる性別になる」
というのは
非常に危険なこと
である
と知ったぼくは
男
ガコン
人間関係
デメリット
もう少し
モラトリアムで
いよう
うむ
と思うのでした

低い声や
丸みのない体には
めちゃくちゃ
憧れるけどね……!!
あと子宮(生理)は
いらない
まじで
まじで

05 性別モラトリアムで生きているということ

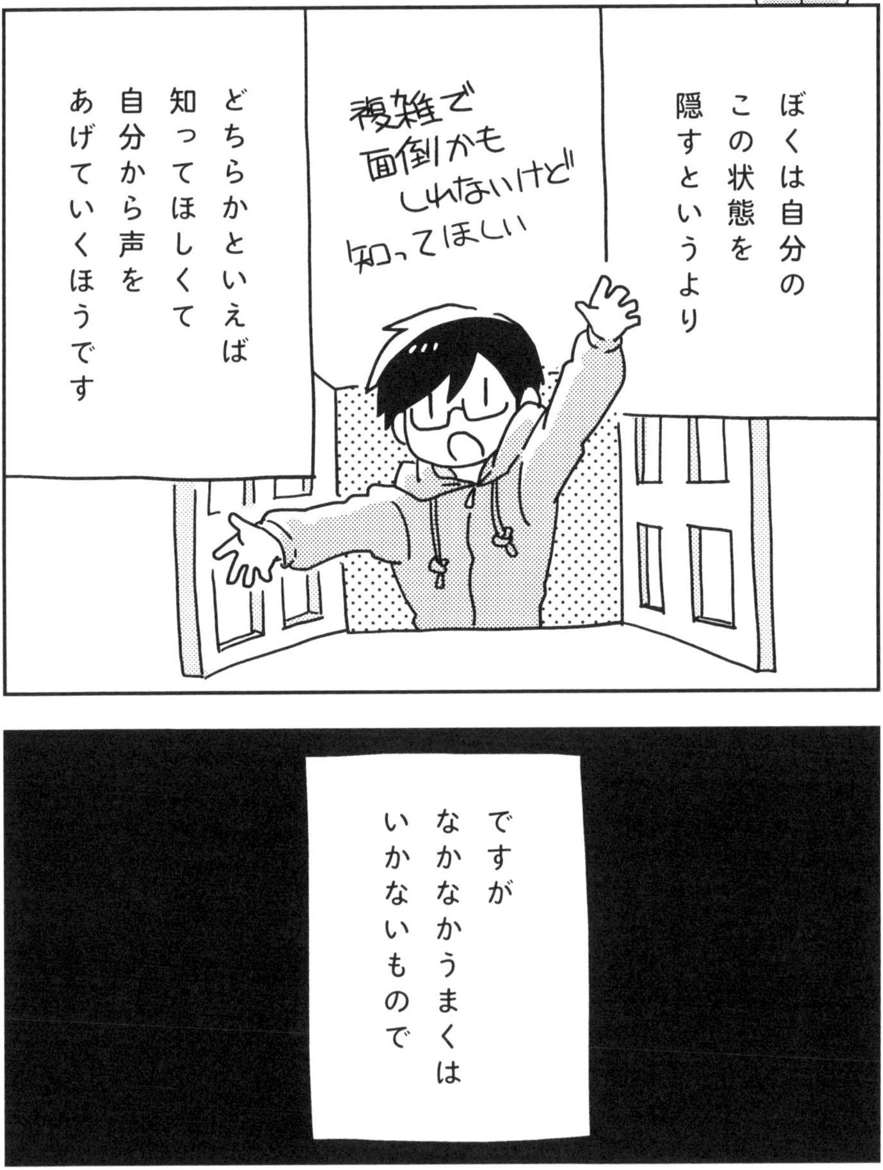

ぼくは自分のこの状態を隠すというより
複雑で面倒かもしれないけど知ってほしい
どちらかといえば知ってほしくて自分から声をあげていくほうです
ですがなかなかうまくはいかないもので

ケース1
男
いいよいいよー
そういうの偏見ないし
今のままのはじめが
好きだから～
でも
女の子なんだし
スカートとか
はきなよ～
髪伸ばしたり
「メンズ」じゃなくて
ボーイッシュな女の子
方面とかさ って
パタン

ケース2
そうか じゃあ今まで しんどかっただろ
父
もっと早く 言ってくれれば よかったのに
けどこれから 治す努力を しろよ お前は女だ
彼氏を 作れ
結婚
人を好きになる 努力をしろ
子ども
パタン

自分にとって
よくわからない存在を
受け入れるのは
難しいと思います
世界には男と女しかいないだろう
男が女の服？
女が男の真似事？
病気なんだから治せよ
難しいとは思いますが
もし誰かから
そういう話を
されたら
あのね
その
実は
自分のものさしで
はからずに
ちゃんと話を聞いて
もらえたらと思います
なあに？

06 自分の居場所

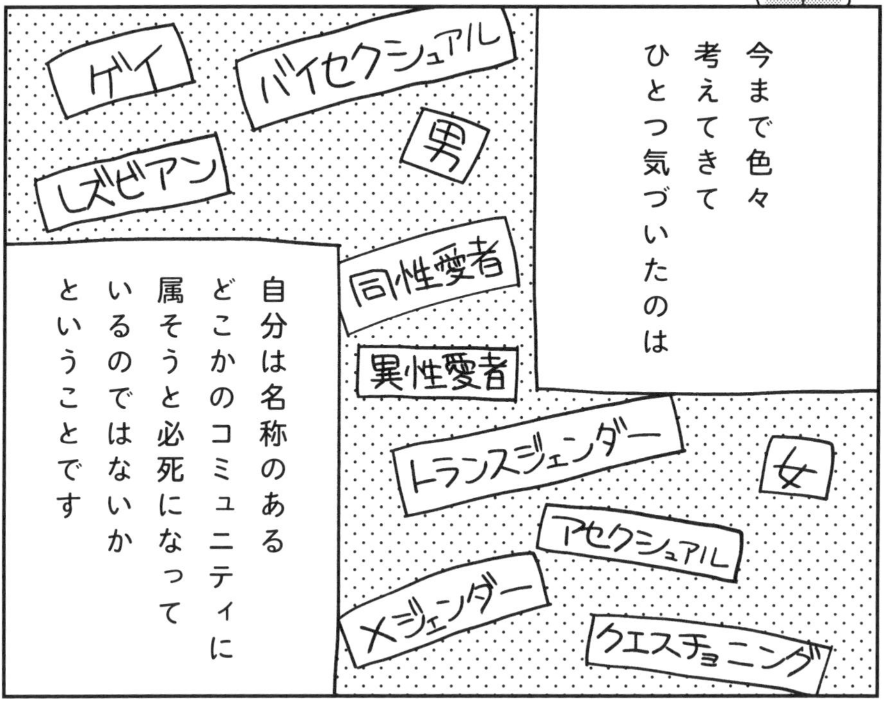
今まで色々
考えてきて
ひとつ気づいたのは
ゲイ
バイセクシュアル
男
レズビアン
同性愛者
異性愛者
トランスジェンダー
女
アセクシュアル
Xジェンダー
クエスチョニング
自分は名称のある
どこかのコミュニティに
属そうと必死になって
いるのではないか
ということです

それも
完全な自信を持って
女
男
トラン
条件
条件
条件

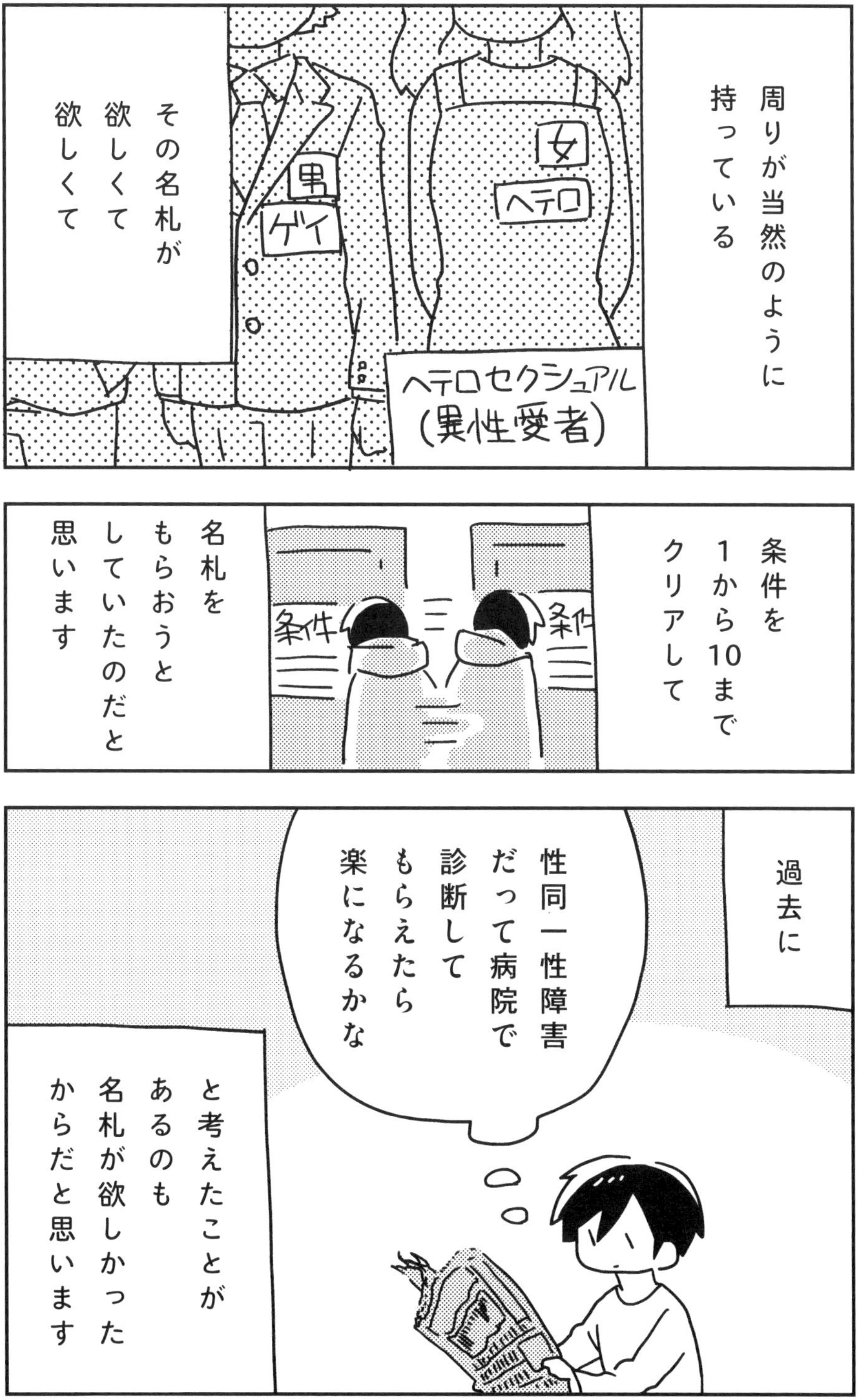
周りが当然のように持っている
女
ヘテロ
男
ゲイ
ヘテロセクシュアル（異性愛者）
その名札が欲しくて欲しくて
条件を1から10までクリアして
条件
条件
名札をもらおうとしていたのだと思います
過去に
性同一性障害だって病院で診断してもらえたら楽になるかな
と考えたことがあるのも名札が欲しかったからだと思います

そして
あまりにも性に関する
名札をもらうことに
こだわりすぎて
もっと
自分のこと
はっきり
させないと
このまま
じゃ
どこにも
入れない
名札が
欲しい
名札が

もうすでに
大切な名札が
ついていることを
絵描き
忘れていたのだと
思います
絵描き

なんだ　そうか
名札は　とっくに　ついていたのか
絵描きの　はじめ
絵描き
名札に気づいて　少し楽になった　ような　気がします
大事に　しよ

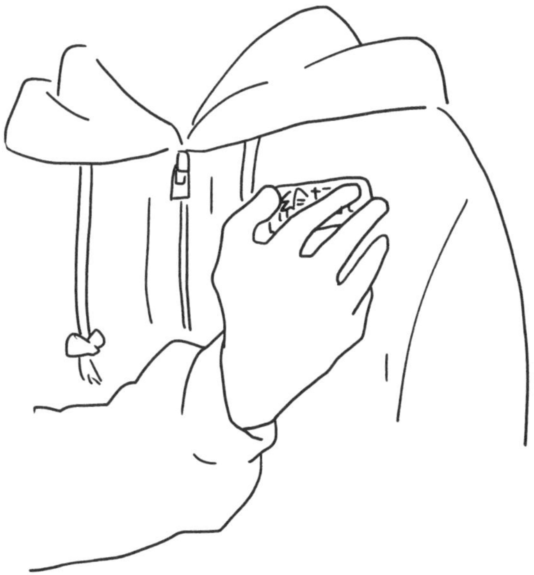

07 「女の子だから」への反発

SNSでこんなことを言われました
「女の子だから」と外から言われてきてそれに無意識に反発していたのではないか？
パソコン

あ
あるな～～～!!!

女の子なんだから手伝いをしろ
女の子なんだからあぐらをかくな
女の子なんだから結婚して家庭を持つのが幸せだ
女の子なんだから夜のシフトを変えてもらえ
女の子なんだから料理をしろ
女の子なんだからスーツにはヒール
女の子なんだから成人式で着物を着ろ
女の子なんだからひじをついて食べるな
ざっと思い出しただけでもこんなにあるか
※全部親（主に父）から

言われる度に
好きで女やってんじゃねーし
なんで男じゃなかったんだ
男だったら
男だったら
と思っていたものです
振り袖は成人式から戻って秒で脱いだ

父親は
一度機嫌を
損ねると
非常に面倒な人
なので
しかも
何が怒りのスイッチになるか
わからない厄介さ〜
ぼくは
ずっと顔色を
うかがいながら
生活しており
ビクッ
戸を強く閉める音や大きな足音
怒鳴り声が今でも怖い
反論できなかった
せいもあるかも
しれません
「女の子だから」
への反発
「おんな おんな
うるせえ」って
反論したかったね
昔の自分
なるほど
しっくりきました

08　男性嫌悪

友人と話していて
気づいたことが
ありました
パソコン

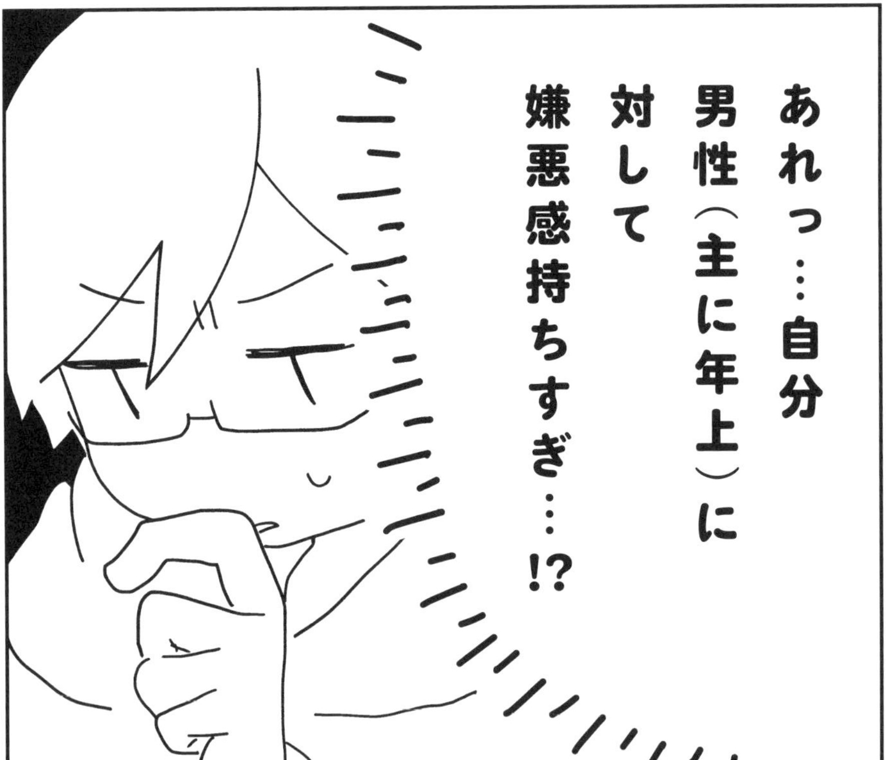
あれっ…自分
男性（主に年上）に
対して
嫌悪感持ちすぎ…!?

年上の男性…
知人
父親
祖父
親せき
過去の上司
教師
先輩
etc.
男性でも友人は問題ない
ゲームしようぜ
遊ぼうぜ
おそらく
性別 < 友人であること
のため
うわぁ いい思い出がパッと出てこない…
ひえぇ

幼い頃から理不尽に怒られている母や祖母を見ては
ぼくが男ならそんなこと絶対しないのに
そんなこと言わないのに
なんでそんな風に
と思っていたことは確かにあって
「自分がそのポジションに取って代われたら」という思考はずっと持っていたものでした
友人から「彼氏に○○された」みたいな話を聞いてもそう思う
聞いてー!
ぼくがこの子の彼氏だったら絶対そんなことしないのに
なんでそんなこと

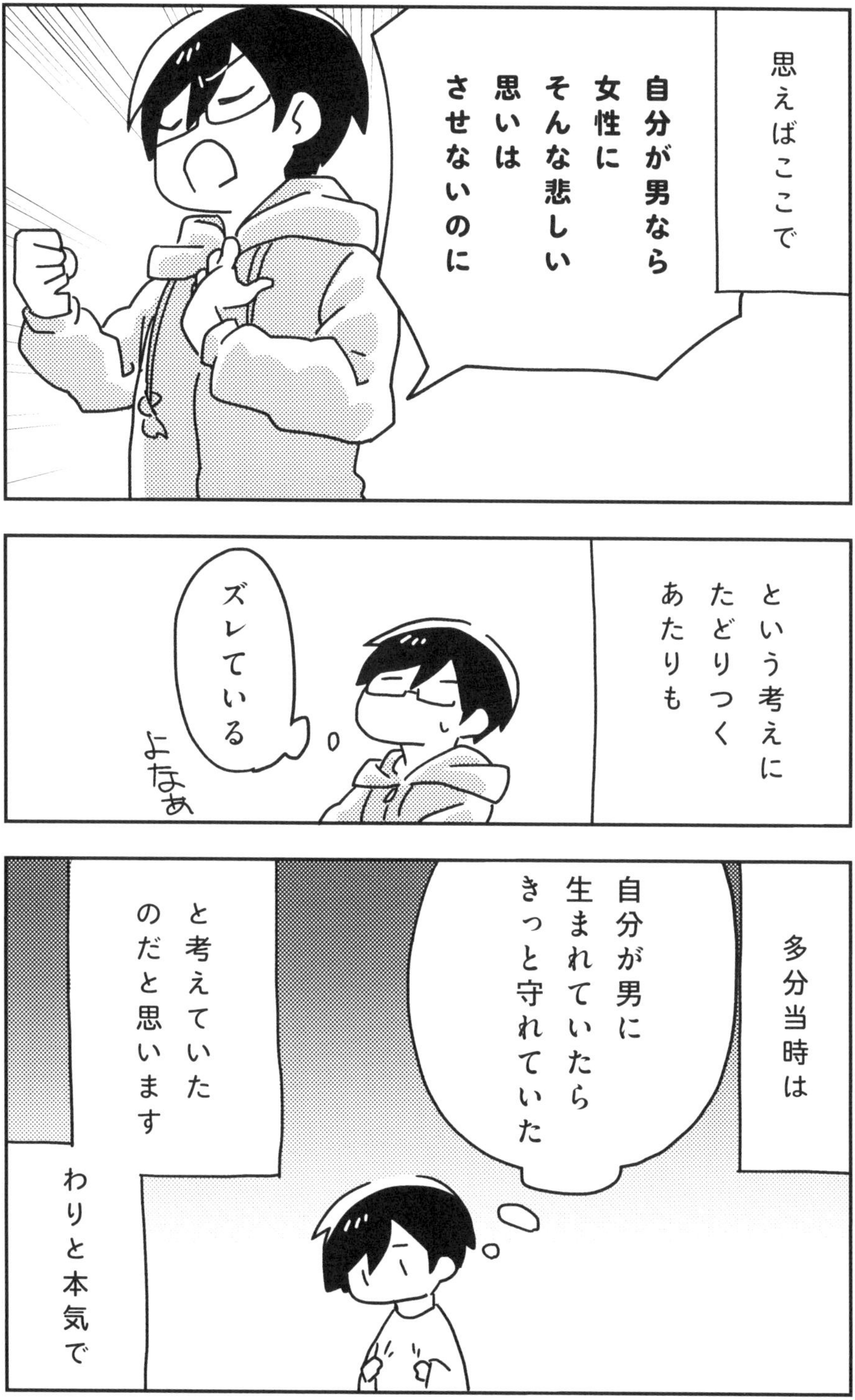
思えばここで
自分が男なら女性にそんな悲しい思いはさせないのに
という考えにたどりつくあたりも
ズレている
よなぁ
多分当時は
自分が男に生まれていたらきっと守れていた
と考えていたのだと思います
わりと本気で

実際は男に生まれたところで
きっと守りようもなかったのでしょうが
所詮子どもなので
そんなわけで
年上の男性＝敵
この等式をなくす努力も必要かもしれないと思ったのでした
初対面でも警戒レベル
MAX

先輩男
はじめくんって童貞っぽいよね(笑)
男性器《も》がないから事実だがなんでマウントをとられにゃならんのだ
イラッ
はは
まあ性経験《それ》だけが全てじゃないので〜
道のりは遠い

09　「男になりたい」とは

「『女の子だから』への
反発」について
考えたことがひとつ
男になりたいとは
言うけれど
オスになりたいわけじゃ
なさそうだよね
そうなんだよなあ
パソコン
なぜ男になりたい
と思っていたのか
自分が触れてきた
世界には
幼い頃から男女の二択
しかなかったから
女であることが
イヤ
ならば
(きっと)
男でありたいと
いうことだ
だから
男に
なりたい
だと
感じました

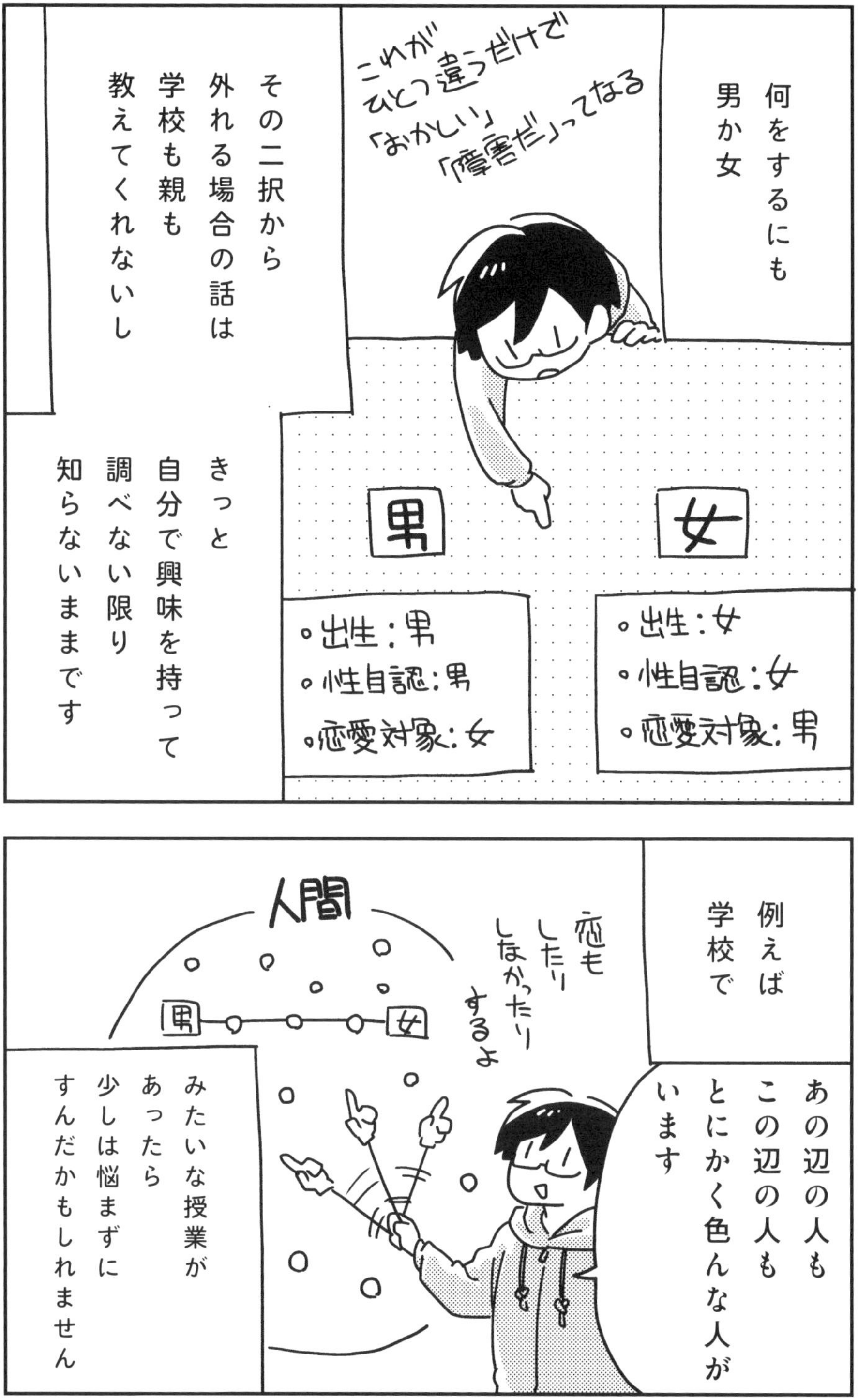
何をするにも
男か女
これが
ひとつ違うだけで
「おかしい」
「障害だ」ってなる
女
男
・出生：女
・性自認：女
・恋愛対象：男
・出生：男
・性自認：男
・恋愛対象：女
その二択から
外れる場合の話は
学校も親も
教えてくれないし
きっと
自分で興味を持って
調べない限り
知らないままです
例えば
学校で
あの辺の人も
この辺の人も
とにかく色んな人が
います
人間
男
女
恋も
したり
しなかったり
するよ
みたいな授業が
あったら
少しは悩まずに
すんだかもしれません

何もおかしいことじゃないんだと
誰も(恋愛的に)好きにならない人もいるよ
迷っている人もいる
どの性別も好きな人もいる
ふわっと教えてくれるだけでも…！
なんてたられば論をしても過去が変わるわけでもないのですが
とりあえずぼくは

色々調べたことによって
また少し
世の中には男と女の二択だけじゃなかった
男になって性交がしたいわけじゃない
自分はオスになりたいわけじゃない
あれ なんだろう 男になりたいわけじゃないのかも
ゆらぎ始めています

外でトイレに入る時の心情
サササッ
拙者の姿見られるわけにはいかんでござる

3章

男になりたい、わけではない…？

本当に男になりたいのか考えてみたところ、そうではないかもしれない…と思うようになりました。ではぼくはどうなりたいのでしょうか。

01 なんで自分が女性であることがイヤなんだろう

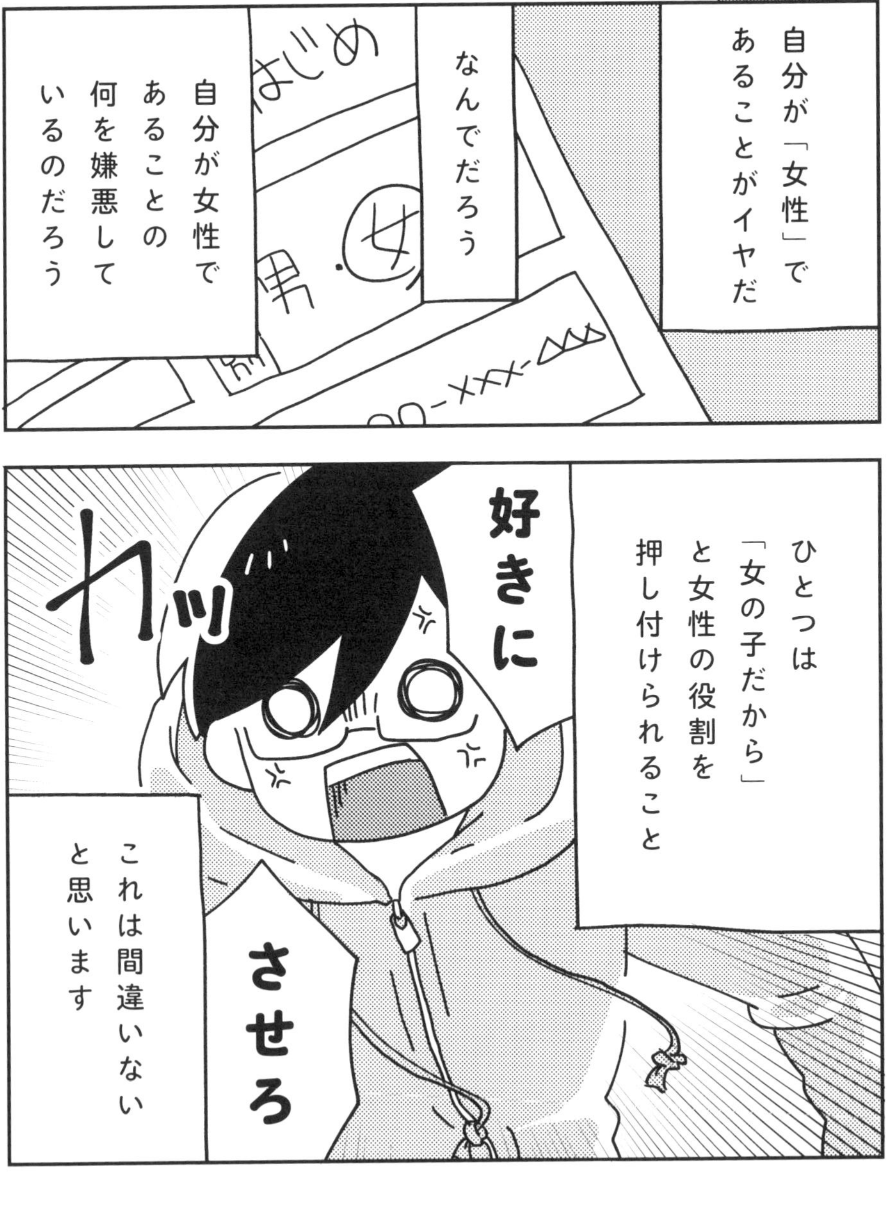
自分が「女性」であることがイヤだ
なんでだろう
自分が女性であることの何を嫌悪しているのだろう
ひとつは「女の子だから」と女性の役割を押し付けられること
好きに
させろ
ガッ
これは間違いないと思います

あとは…
何だろう
女性1人だと思われるとナメられる
女性器
生理の存在
セクハラに近い冗談を言われる
女であるだけで下に見られる可能性がある
男性に意見が通らない
反論できない
男性のゴキゲンをうかがわなければ
性対象として見られる(消費される)可能性
女性用として出回っているデザインが好みじゃない
これはシュミの問題だし…
性対象として見られる(消費される)可能性
これか…？

スカートがイヤなのも
性器がイヤなのも
自分にある女性性（というか性）の記号を全部消したいと思うのは
そういう目で見られる可能性をゼロにしたいから…？
△×ニュース
R18
R18
成人向け

ぼくは自分に性があることがイヤなのか…？

いやでも
生き物である以上
性は持つものなのでは？？
ド混乱

02　性があることがイヤ…？

今まで考えも
しなかった方向に
思考が動いていて
自分でも
動揺しています
性がイヤとは…？
確かに
男性になりたい
と言ってはいたものの
筋肉が欲しい
わけじゃない
男性器が欲しい
わけじゃない
男性として誰かと性行為がしたい
わけじゃない
ならば
女性として
過ごせるか？
と言われても
NO

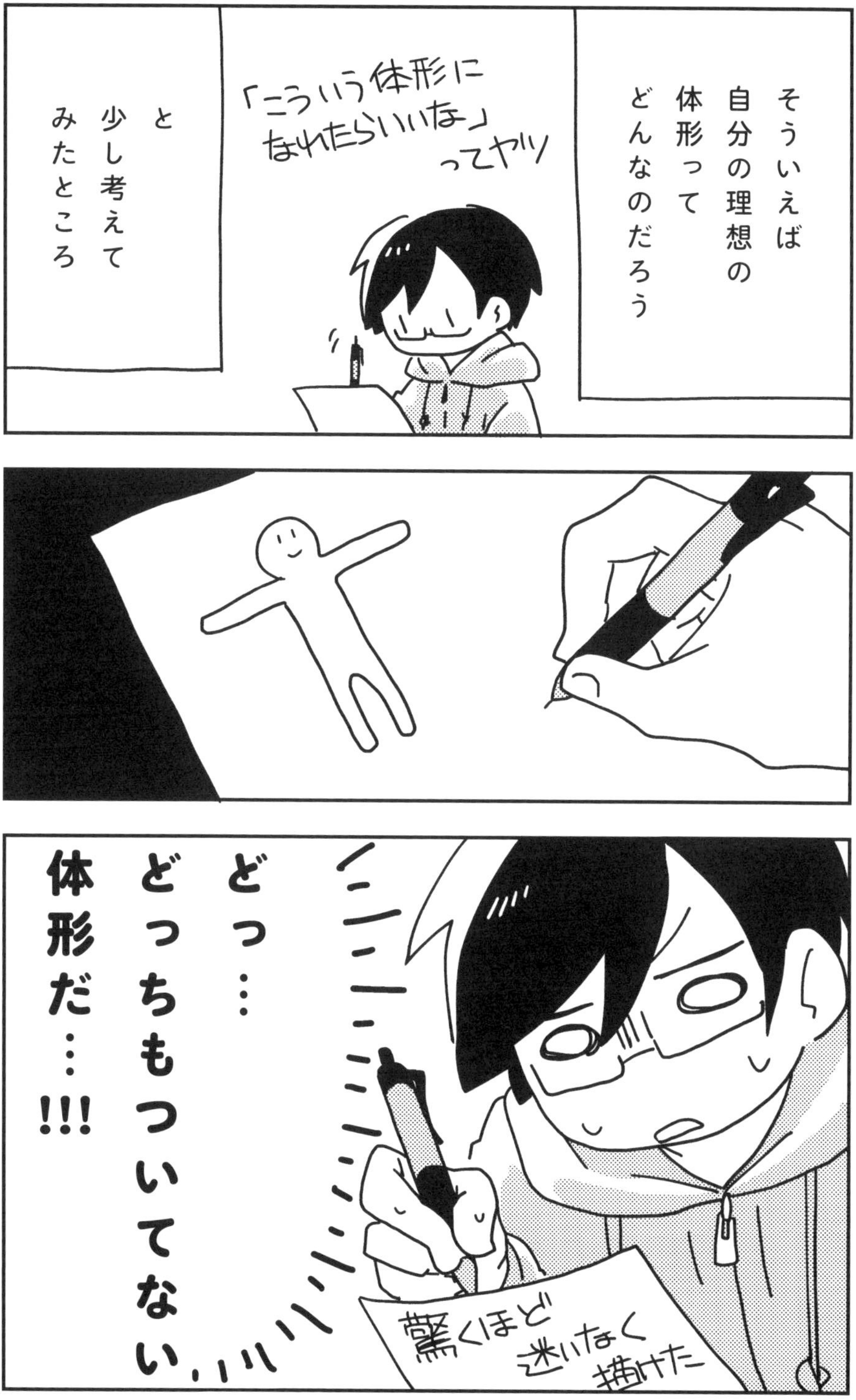

そういえば
自分の理想の
体形って
どんなのだろう
「こういう体形に
なれたらいいな」
ってヤツ
と
少し考えて
みたところ
どっ…
どっちもついてない
体形だ…!!!
驚くほど
迷いなく
描けた

ぼくは自分に
性があることが
イヤだったのか
だから性行為も
したいと思わないし
結婚にも
抵抗があるし
性対象として
見られる可能性も
ゼロにしたい…！
はー

ぼくは
性別
男
中性
女
この辺
に
いたいんだ

これを
性
こうして
ぐしゃ
ぐしゃ
こうじゃ

03　書類

最近 アンケートなどで
増えてきた この3択が
とても嬉しい
性別
○男性
○女性
◉その他

04 性があることがイヤってつまり…

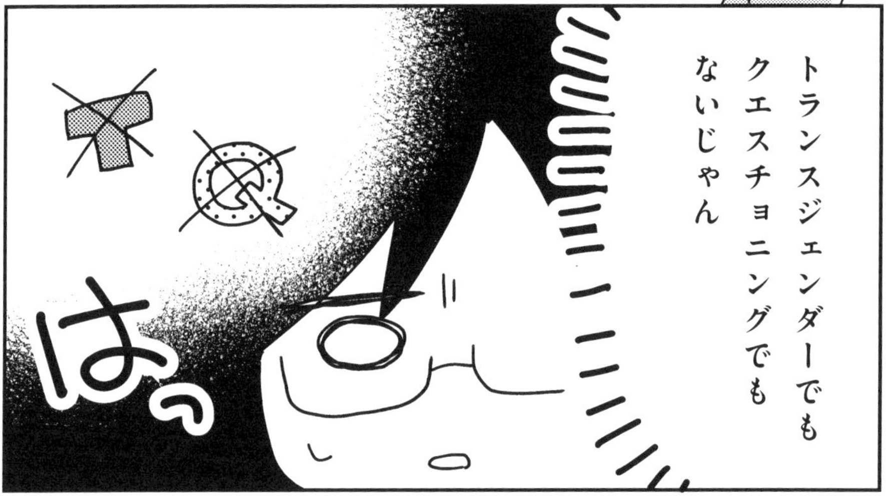
トランスジェンダーでも
クエスチョニングでも
ないじゃん
はっ

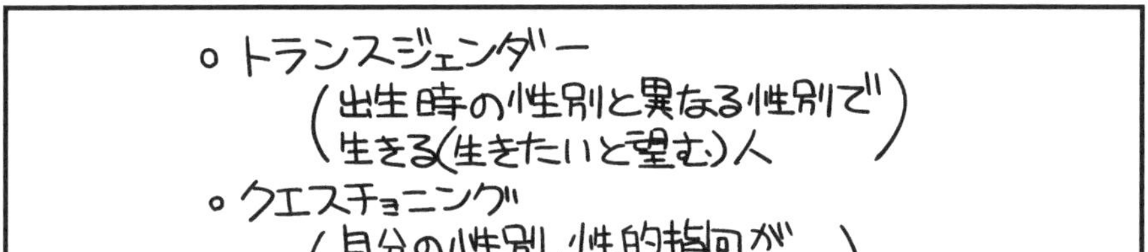
○トランスジェンダー
(出生時の性別と異なる性別で生きる(生きたいと望む)人)
○クエスチョニング
(自分の性別、性的指向がわからない人、迷っている人)

ここで
目に留まったのが
X《エックス》ジェンダー
という
言葉です

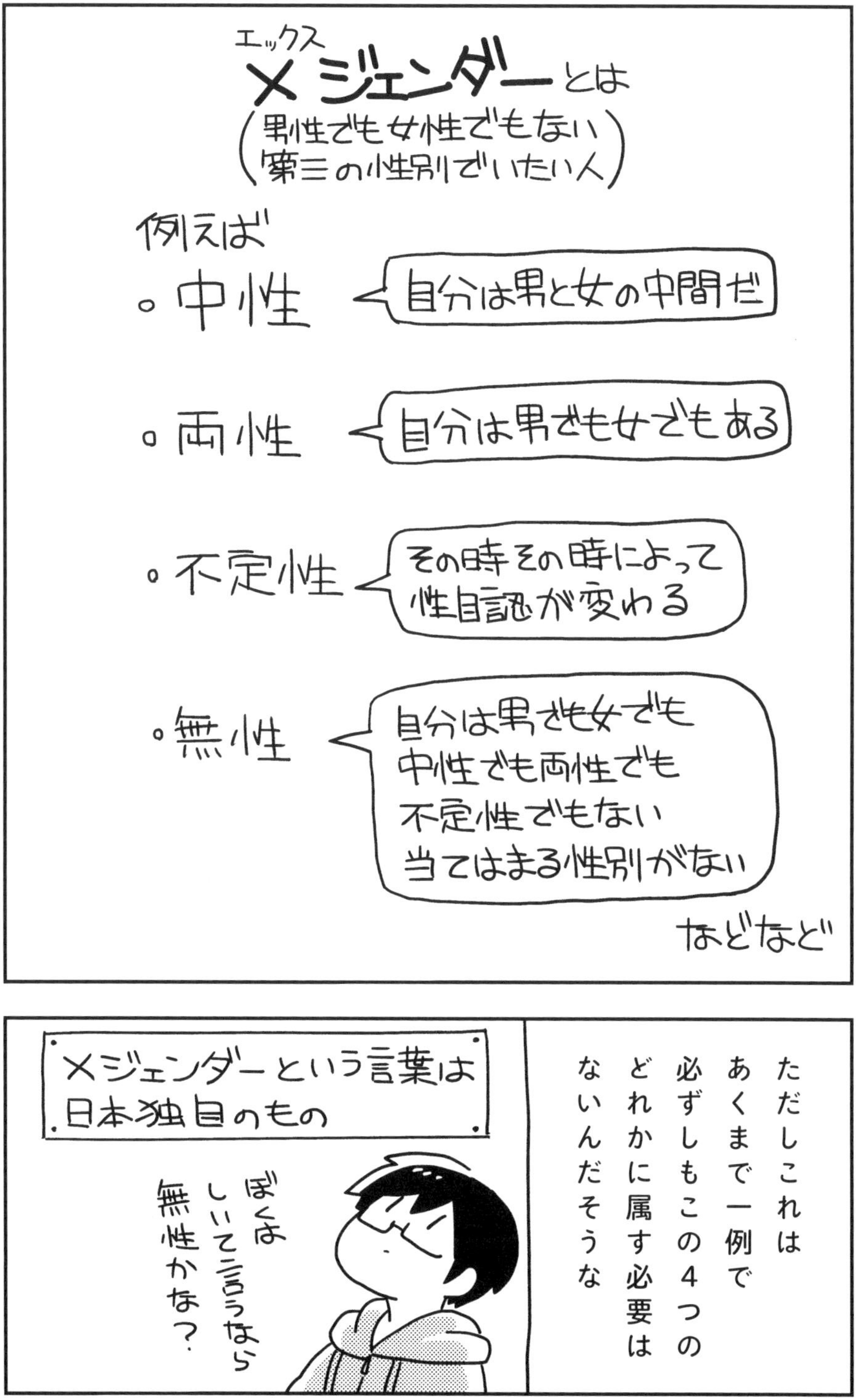

X《エックス》ジェンダーとは
（男性でも女性でもない第三の性別でいたい人）
例えば
◦中性
自分は男と女の中間だ
◦両性
自分は男でも女でもある
◦不定性
その時その時によって性自認が変わる
◦無性
自分は男でも女でも中性でも両性でも不定性でもない当てはまる性別がない
などなど
ただしこれはあくまで一例で必ずしもこの4つのどれかに属す必要はないんだそうな
Xジェンダーという言葉は日本独自のもの
ぼくはしいて言うなら無性かな？

改めて考えてみると
女性はこちらへどうぞー
ぞろ
ぞろ
素直に動けない
ん？
んん？
男性はこちらへどうぞー
ぞろ
ぞろ
素直に動けない
えっ
ん？
んん？
なんてことはよくあってて
女
男
女…ではないし
男…でもないし

男女どちらにも素直に反応できなかったのは
はっきりとどちらかに属することはできないのだから属そうとしてはいけない
中途半端な《ふつうじゃない》自分への嫌悪
という気持ちからきているのだと思っていましたが
Xジェンダーという区分だったのだとわかると
なんだ 男でも女でもなかったのか
そら どっちにも素直に反応できんわけだ
なんとなく自分を認めてやれるような
そんな気分になりました

05 Aセクシュアルというもの

性自認については
おそらく無性で
あるのだろう
名札GET
Xジェンダー
無性
というところに
落ち着けた
のですが
性自認：自分の性別を
どう認識しているか
無性：男でも女でも中性でも
両性でも不定性でもない
当てはまる性別がない
じゃあ
性的指向のほうは
どうなのか？
性的指向
誰を恋愛対象として
好きになるか
こっちでも
当てはまるものが
あるのだろうか？

と
色々見てみた
ところ
Aセクシュアル
(アセクシュアル)
ほほう
パソコン
なるものに
行きあたり
ました

Aセクシュアルとは

他人に性的欲求を
感じないこと

- 世界的には
  恋愛感情の有無に
  かかわらず
  「Aセクシュアル」と呼ぶ

が

- 日本では

恋愛感情	○	×
性的欲求	×	×

↓「ノンセクシュアル」

↓「Aセクシュアル」

となるようで…

日本で
恋愛感情はあるけど性行為はしたいと思わない
Aセクシュアル
と言っていると
お前ノンセクシュアルだろ！間違えんな！
!
Aセクシュアル
なんてこともあるそうで…
なんだそれ…
難しいな…
えぇ…
世界動向にそろえようぜ日本
パソコン

そもそも恋愛感情ってなんなんだ（哲学）
下世話な話だけど突き詰めると相手に性的魅力を感じるかどうかで成り立つもんじゃないのか 恋愛感情というやつは…？
もや もや
わからん
それ以外は限りなく親愛・友愛の情なのでは…？
まぁ とりあえず
Aセクシュアルの名札を加えてもよさそうかな…？と思っているところです
？ ？ ？
うーーん
恋愛としての「好き」ってなんだろうなぁ

ひとりでいることを
「寂しい」って
思わないのも
だめなのかも…？

でも友人は
遊んでくれるし
ひとりの時間は
必要だし

06　熱量のある絵

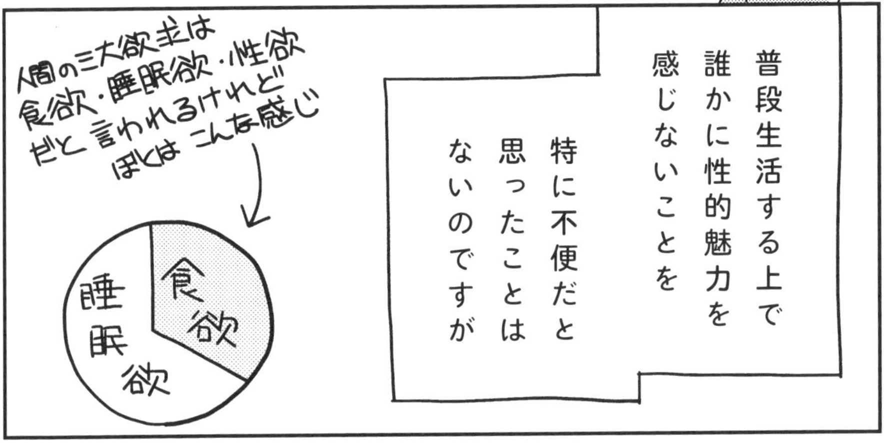
普段生活する上で誰かに性的魅力を感じないことを
特に不便だと思ったことはないのですが
人間の三大欲求は食欲・睡眠欲・性欲だと言われるけれどぼくは こんな感じ
食欲
睡眠欲

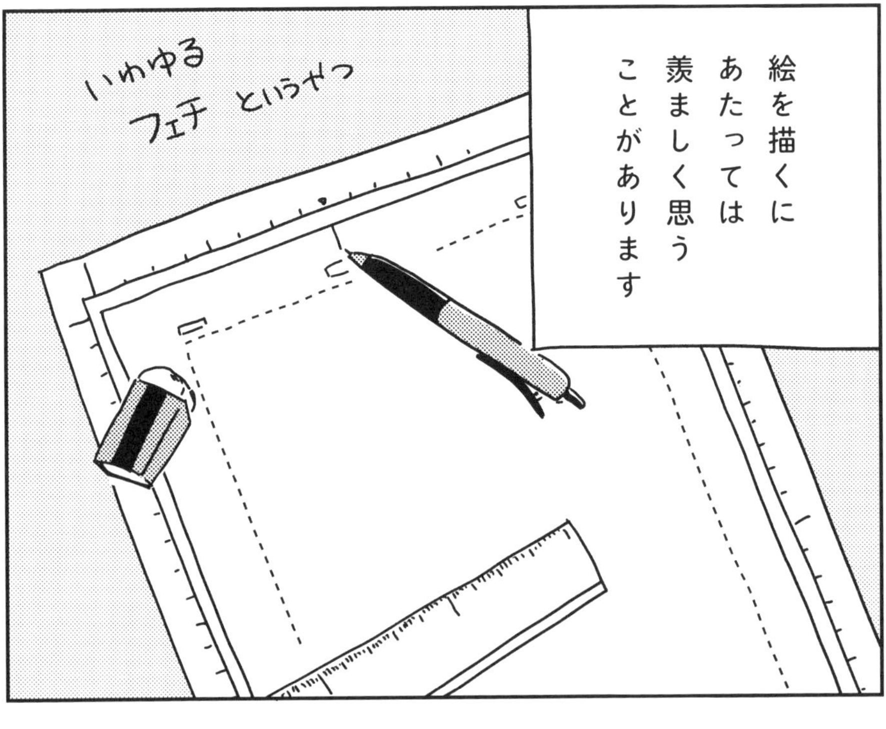
絵を描くにあたっては羨ましく思うことがあります
いわゆる フェチ というやつ

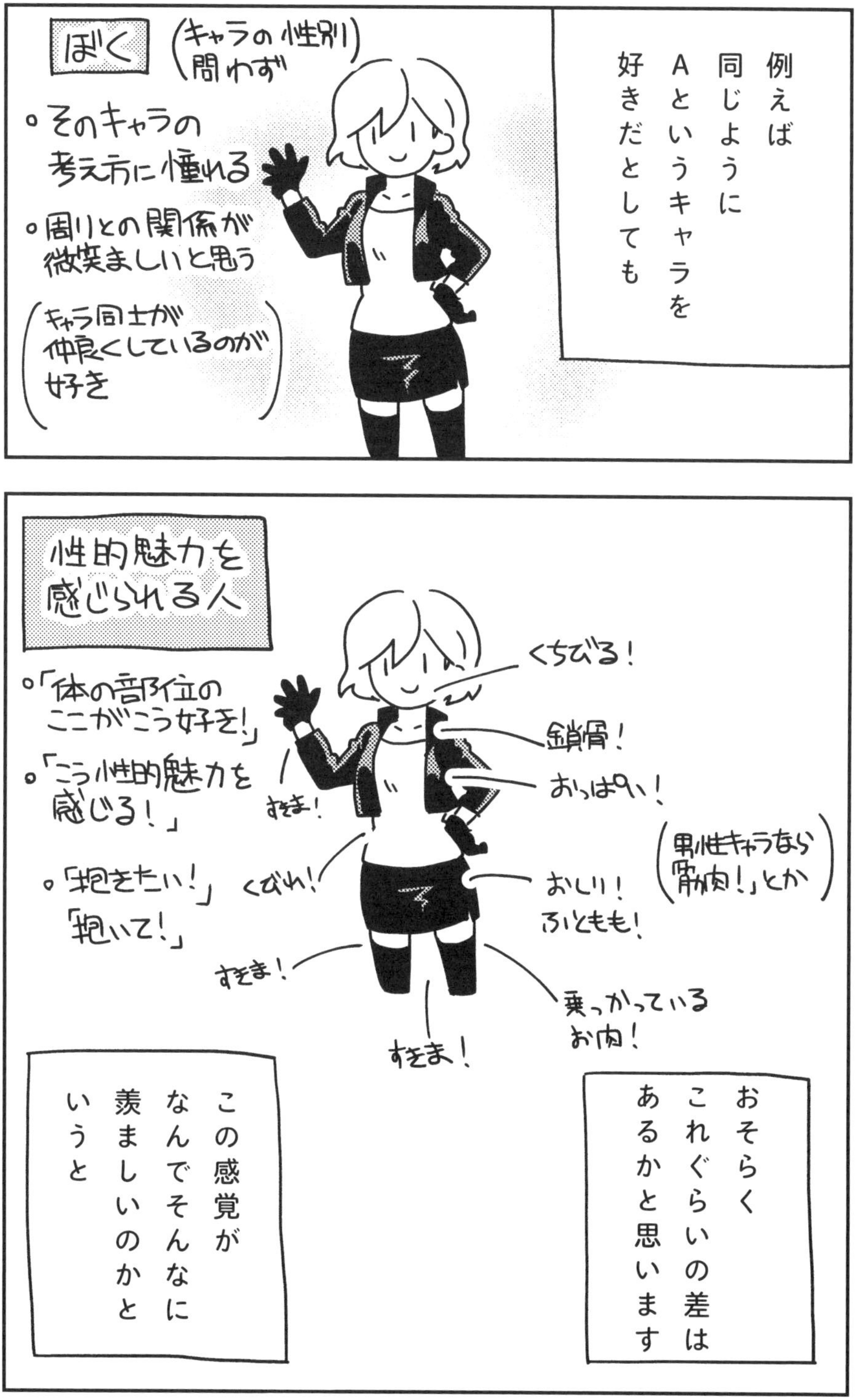
例えば
同じように
Aというキャラを
好きだとしても
ぼく
（キャラの性別問わず）
・そのキャラの考え方に憧れる
・周りとの関係が微笑ましいと思う
（キャラ同士が仲良くしているのが好き）
性的魅力を感じられる人
・「体の部位のここがこう好き！」
・「こう性的魅力を感じる！」
・「抱きたい！」「抱いて！」
くちびる！
鎖骨！
おっぱい！
すきま！
くびれ！
おしり！ふともも！
（男性キャラなら筋肉！」とか）
すきま！
乗っかっているお肉！
すきま！
おそらくこれぐらいの差はあるかと思います
この感覚がなんでそんなに羨ましいのかというと

その感覚を持って描かれた絵に込められた熱量というのはものすごくて
この人おっぱいが好きなんだろうなぁ
「ここを見て！」がすぐにわかる気がする
パソコン
いわゆる「色っぽい」がよくわからない
個人的にその熱量がとても魅力的に感じられるからです
描く人の熱量があればあるほど
絵描き
Aのおっぱいが好きだ！
えっちだ！
同意！
イメージ
うおおおおおお
見る人のテンションもあがるそんな気がします
ぼくも一度性的魅力を感じられる世界を
そういうメガネ欲しい
見てみたいなぁと思うのです

でも
自らの性欲を
制御できない人は
いただけない
買春
ちかん
不倫
浮気

07 お付き合い

一応男女ともに付き合ったことはありますが
腰に手を回された時に「あ？触んな」と思ってしまった
ぞわぁっ
もらったのと同じレベルの好意を返せなかった
どちらもこちらが原因で別れています
当時はまだ自分の性自認や指向がゆらぎにゆらいでいたので
付き合ってみたら何かわかるかも
ぼくはヘテロなのか
レズビアンなのか
なんなのか
などと思っていた部分もありました

しかし
大変申し訳ないことをした…
迷惑でしかないな…
今考えてみると「確かに好きではあったけれど行為がしたいわけではなかった」のだと思います
Loveを突き詰めた先に性行為があるとすると
一般的な人
Like
友人
家族
先輩
後輩
etc.
Love
恋人
こんな感じ？
ぼく
（性欲がみじんもない）
Like
友人
妹
知人
恋人（？）
etc.
「好きな人」として全部ここに入る

恋愛としての「好き」ってなんだろうなぁ(2回目)
キミとずっと一緒にいたい!
お前がいない世界なんて考えられねぇ!
お願い
私以外は見ないで
いやいやいや
なんてちっとも思わないし
「そういう感情がある」ということは理解できるし想像もできるんですけどね
マンガ
アニメ
ドラマ
歌
生きてて恋愛に触れないほうが難しいくらい

ひと昔前に
流行った
「リア充爆発しろ」的な
感情もない
むしろ
仲良いの見ると
ほっこりする

08　いくら説明しても…

以前なんやかんやで「友達になりたい」と言ってきた男性がいました
〇〇さん
友達になってくれませんか？

まぁ別に断る理由もないし
友達なら
面識はあったので
構いませんよ
と送ったところ

今度食事に誘ってもいいですか

これはもしかすると
男女の意味で
誘われている可能性が？
と疑ったぼくは
おや…？
とりあえず
ざっくり
自分の性別・
恋愛感情の
件を説明
心と体の性別が一致していなくて
一般的な女性として接するのは困難である
Xジェンダーだとかアセクシュアルだとかは伝わらないだろうと思って省略した

では　今付き合っている人は
いないんですね！
僕もフリーなので
時には男同士として
時には彼女として
どうですか？
仕事忙しいんで
無理です
ぽ
やっぱり
そういう意味での
友達か――い

その少し後にも
中学の時の後輩のメメで
お久しぶりです！覚えてますか？
そういえば先輩 中学の頃
美人系でしたよね！
遊びませんか？
お前もかよ
テキトーがすぎる
いくら説明しても
やはり体の性別で
判断されてしまう
のだということ
自分が女性として
そういう対象で
見られるということは
やっぱり
だめだな…
耐えられん
と実感した
出来事でした

09 「〇〇らしさ」への固執

幸いぼくの周りには
「性別なんて
関係ないよ」
と言ってくれる人が
たくさんいます
はじめちゃんだから好き
そのままでいいじゃん

とても嬉しく
幸せなこと
なのですが
それでも
もやもやが
消えなくて
なんでだろうと
考えて考えて
最近気づいたのは
?
好き
そのまま
でいい

男か女の
どちらかであること
男らしさ
女らしさに
誰よりも固執
しているのは
性別
他でもない
ぼく自身だったんだ
ということでした

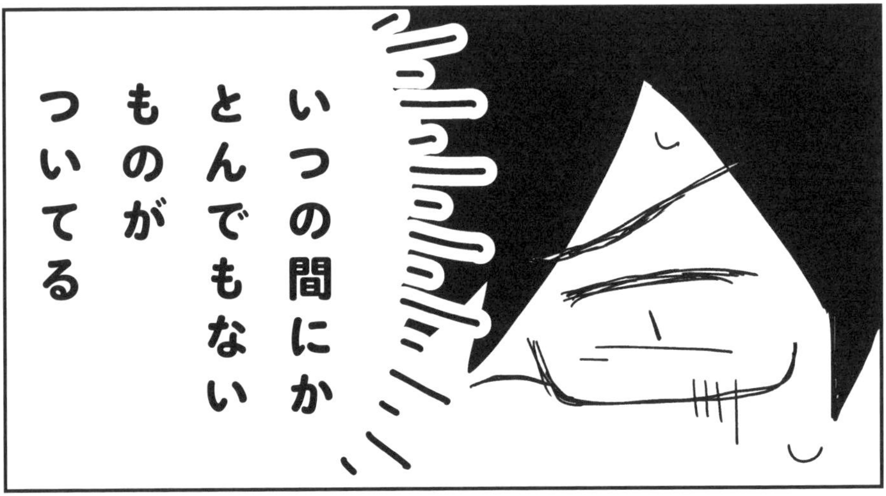
いつの間にか
とんでもない
ものが
ついてる

当面は
これを外すことを
目標にしようと
思います
ガチャ
ガチャ

おわりに

最後に、
以前のぼくと
同じように
悩んでいる方に
お伝えしたいことを
描きました。
ぼくの実録が誰かの
お役に立ちますように。

01 こんな実録を描いておいてアレですが

(思春期の方は特に)
自分の性別に関しての
色々な決定を
早まらないように
してください…!!
はい注目!

思春期は「自分とはどういう人間なのか」が作られていく時期です
どうやって生きよう
何になろう
黒歴史ができてしまったり
中二病になったり

なので
例えば思春期に
男の子が
好きだし
かわいいものが
好きだし
ぼくは心が
女の子なんだ
きっと普通
じゃないんだ
と強く思っている
場合でも
それが
後に変わる可能性は
十分にあります
成人した今は
女の子が好き
かわいいものは
好きなままだけど
自分の性別は
男だと自覚している
20代後半
現にぼくも

この実録を描くまでは
ふんす
ふんす
男に！なりたいんだ！
と思い込んでいましたが
※かれこれ十数年
今は
なんか別に男になりたいわけじゃなかったっぽい
いやーまちがえてたなー
20代後半
こんななので

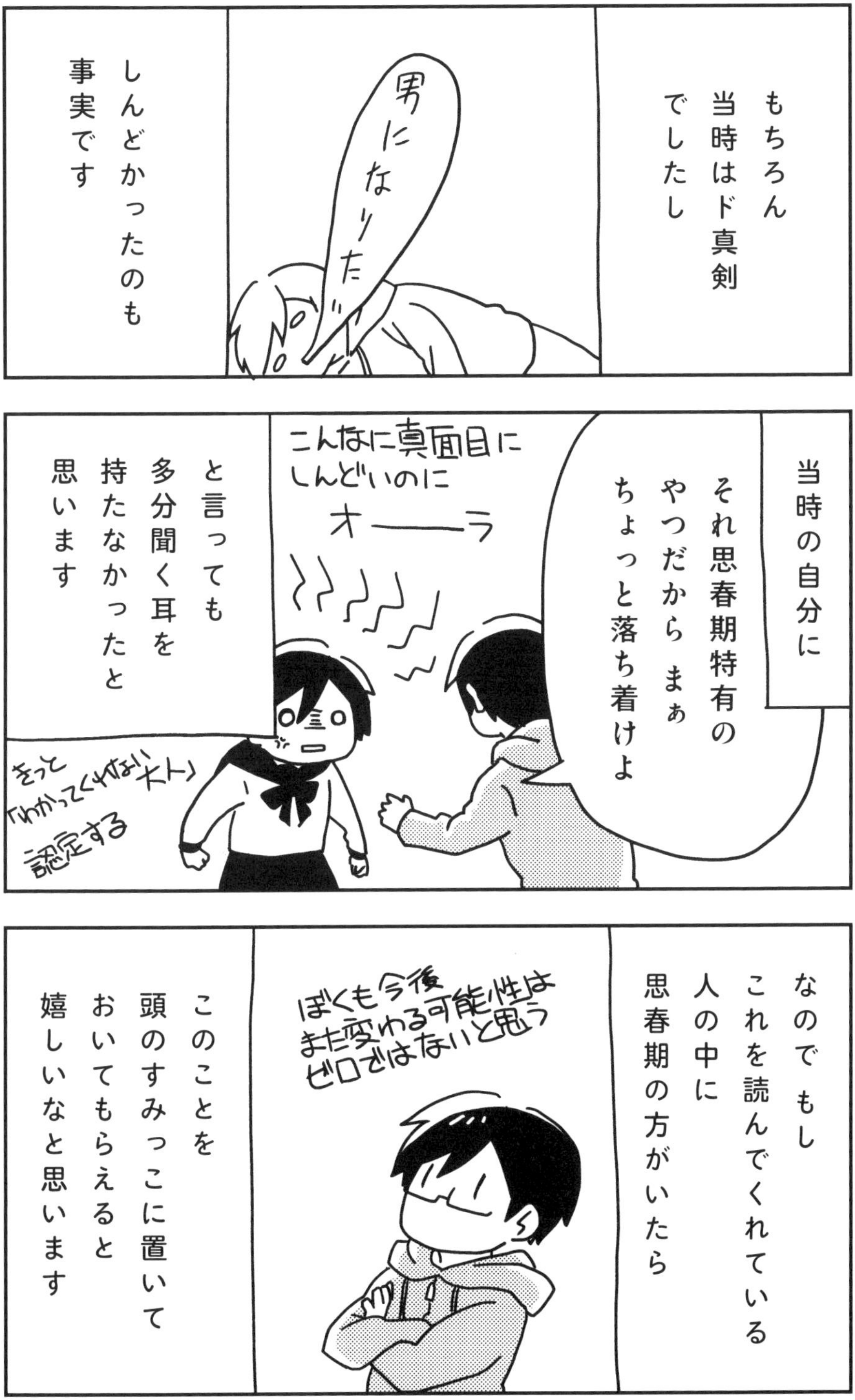
もちろん
当時はド真剣
でしたし
男になりた
しんどかったのも
事実です
当時の自分に
それ思春期特有の
やつだから まぁ
ちょっと落ち着けよ
こんなに真面目に
しんどいのに
オーーラ
と言っても
多分聞く耳を
持たなかったと
思います
きっと
「わかってくれない大人」
認定する
なので もし
これを読んでくれている
人の中に
思春期の方がいたら
ぼくも今後
また変わる可能性は
ゼロではないと思う
このことを
頭のすみっこに置いて
おいてもらえると
嬉しいなと思います

02 特別ではなくて

ぼくは
自分のこの状態を
実は…
今まで隠してたんだけど
と深刻に打ち明けるようなものではないと考えています
なので あえて「カミングアウト」という言葉を使わずにここまで描いてきました
カミングアウトとは
自分が性的少数者(LGBTなど)であることを周囲に伝えること
例えば左利きの人やAB型の人は
黙っててごめん
今まで隠してたんだけどさ
俺…実は…左利きなんだ
とは言わないと思います

きっと雑談の中やふとした瞬間に
そうそう
俺 左利きなんだよね～
私AB型なんだ～
と言ったりするのだと思います
それくらいなんてことない特徴のひとつ
個性のひとつ
なんならわざわざ聞くようなことでもない
その程度のことだと思ってもらえたらいいなとぼくは考えています

03 あとがき

この漫画を
SNSにアップした当時
たくさんのコメントを
いただきました
この場をお借りして
ありがとうございます
ツイッターの
リプライやDM
ピクシブのメッセージなど
直接いただく感想に
こういう（心の）状態
なのは自分だけだと
思っていた
他にもいると
わかって安心した
心が軽くなった
という内容のものが
多いことに
驚いています

かくいうぼくも
これを描いて
自分と向き合って
みるまで
こんなはっきり
説明もつかん
わけのわからん状態
自分だけなんだろう
なぁ
と思っていたので
驚くと同時に
安心がものすごいです
仲間がいる!
わーい
加えて
自分の状態を
言葉にして発信できる
ようになったので
ここで
こういう集まりが
こういう本が
ふむ
ふむ
情報も
たくさん
得られるように
なりました

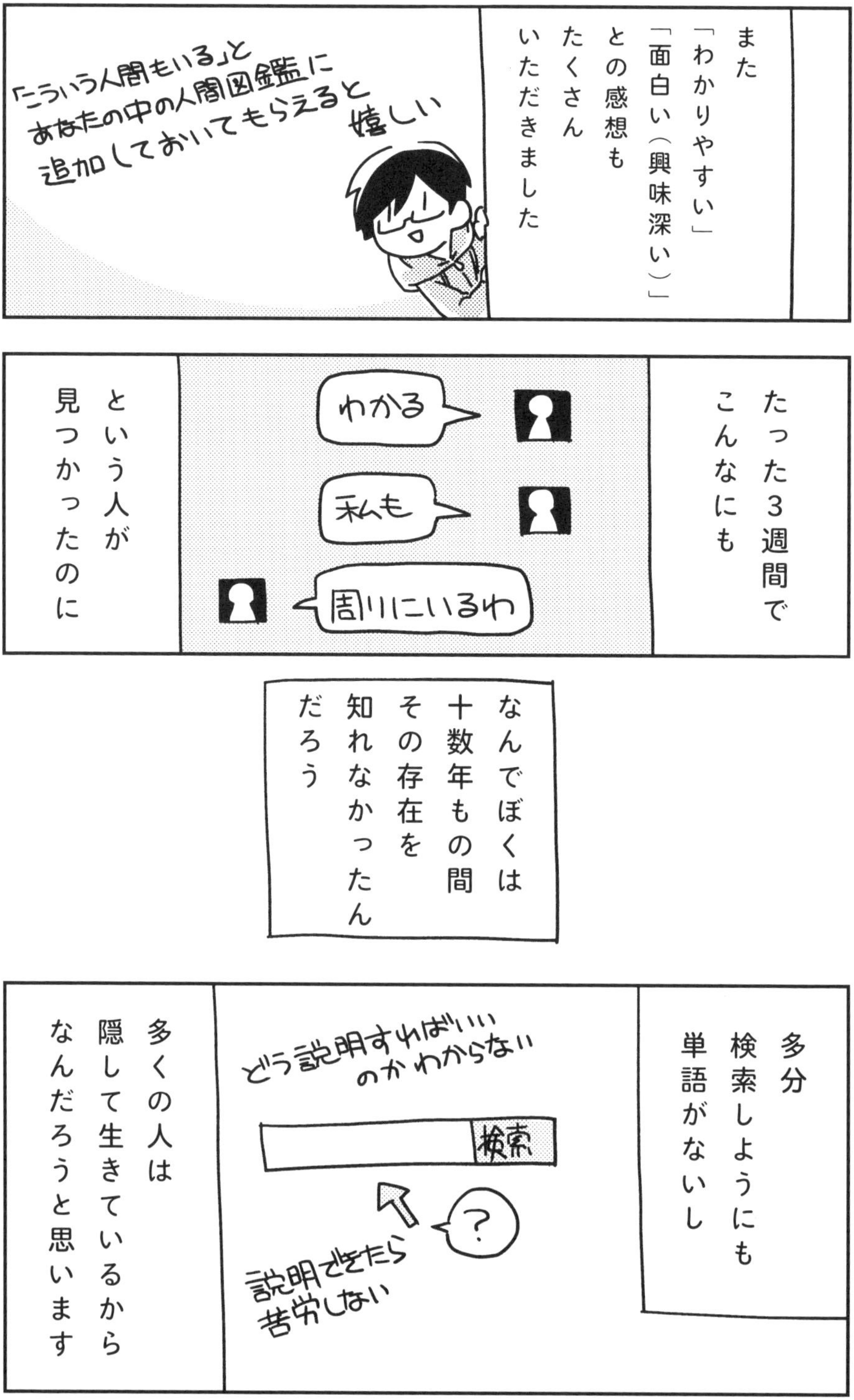
また
「わかりやすい」
「面白い（興味深い）」
との感想も
たくさん
いただきました
「こういう人間もいる」と
あなたの中の人間図鑑に
追加しておいてもらえると
嬉しい
たった3週間で
こんなにも
わかる
私も
周りにいるわ
という人が
見つかったのに
なんでぼくは
十数年もの間
その存在を
知れなかったん
だろう
多分
検索しようにも
単語がないし
どう説明すればいいのか わからない
検索
？
説明できたら
苦労しない
多くの人は
隠して生きているから
なんだろうと思います

もともと自分自身と
向き合うために
なんとなく
描き始めた
ものでしたが
誰かの安心・興味に
つながったこと
とても嬉しく思います
そして
ぼくが安心を
もらえたように
悩んでいる
誰かに
キミだけじゃ
ないよ
と
伝わればいいなぁと
思います

ぼくは性別モラトリアム

2020年5月25日　第1刷発行

著者／からたちはじめ

発行人／見城 徹
編集人／菊地朱雅子
編集者／黒川美聡

発行所／株式会社 幻冬舎
〒151-0051 東京都渋谷区千駄ヶ谷4-9-7
電話　03(5411)6211(編集)　03(5411)6222(営業)
振替　00120-8-767643

印刷・製本所／株式会社 光邦

検印廃止

ISBN978-4-344-03605-5　C0095
幻冬舎ホームページアドレス
https://www.gentosha.co.jp/

この本に関するご意見・ご感想をメールでお寄せいただく場合は、
comment@gentosha.co.jpまで。